STYLE

STYLE

西打哥的 尋味香港

【從街頭小吃到餐館美饌，品嚐最道地的香港好味！】

人氣部落客 X 在地香港人 西打哥 文字 X 攝影

作者序

談吃，也談文化，更談感情。

常把一句話放在嘴邊，寫部落格的第一天，從沒想過會來到這一步。

我是個悶人，沒幾個朋友，性格也很孤僻。最初寫部落格只為了消磨時間，同時把喜歡的食物分享出去，沒想過會有什麼回響，更沒想過如今踏上出書之路。猶記得那時寫一篇文章，五十人次看過，其中可能四十次都是自己。

默默地寫……

靜靜地寫……

不問回報地寫。

竟慢慢有些回應，也慢慢建立出一些讀者群。以為略有小成，卻眼見香港不少小店因各種原由，像頹垣敗瓦般被社會巨輪壓碎，心痛又無奈。從那時起，便跟自己許下諾言，若有出頭的一天，必定為小店發聲，讓大眾認識更多隱世美食。

這份傻勁到今天還沒變，也許正因為這份傻勁，讓我路上遇到許多助我一把的人，更多是有心有火有毅力的朋友，為我的每篇文章添上光和熱，才讓讀者覺得文字於這冰冷社會中透出溫暖。功勞不在我，在大家。

讀過一篇訪問，香港作家董啟章說，寫作是一件孤獨的事，卻又是最面對群眾的事。孤單在於這是無可奈何的自我反省過程，有次跟朋友打趣說過，其實寫作的人都是瘋子，整天在腦海裡自顧自的聊天；有趣的是，文章卻透過文字向大眾訴說作者所思所想，如同小石擲湖，發展出一連串漣漪，相互影響。

對第一次寫書的我，頭幾篇文章，可謂字字皆辛苦，不時搜索枯腸，還以為要比原定日期晚許多才寫完，幸好身邊有不少為我帶來點子和思緒的朋友，聊聊天，喝喝咖啡，甚或於社交網站寒暄幾句，也為我注入新動力。也許你不知曾幫我一把，但這份謝意，是由心而發的。

最後該感謝找我出書的商周出版社，更感謝他們不是叫我寫一本飲食導覽書，容許我於競爭激烈的市場中，如我所願寫一本談吃，也談文化，更談感情的書。吃，是一種文化，同時，吃也是一種了解文化的工具，透過吃，可以更了解當地的社會人情、生活習俗。這拙作，我希望和所有愛吃的人，和所有不止愛吃的人分享。

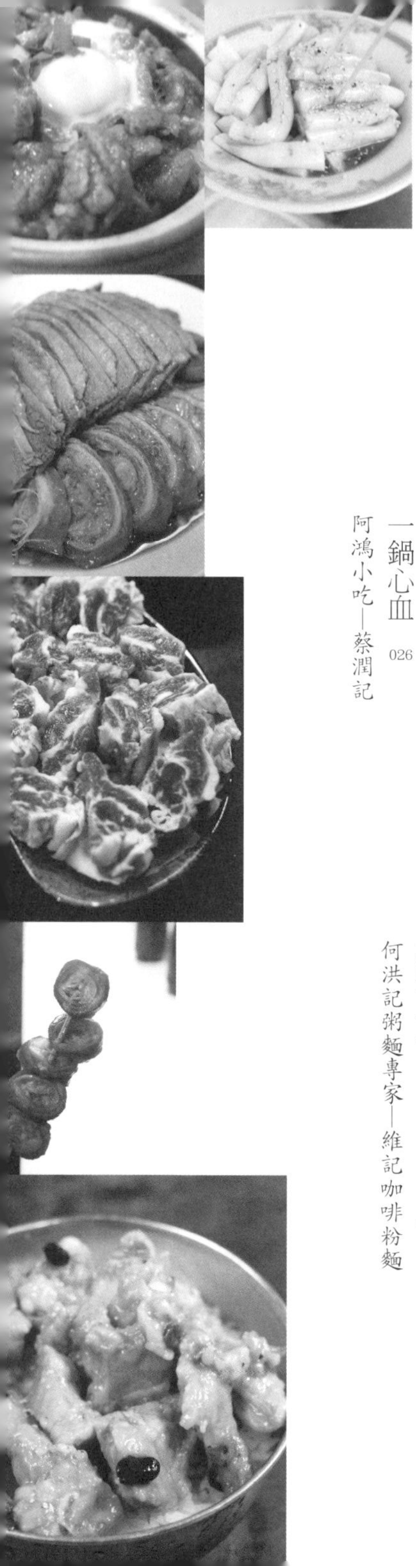

目錄

【PART Ⅰ】我的快樂年代

【PART Ⅱ】

傳承好滋味

【PART Ⅲ】

吃出香港精神

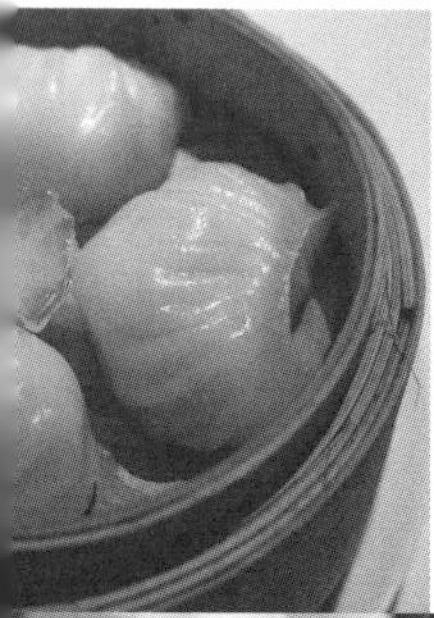

（全書「店家資訊」僅供讀者參考，視店家實際狀況或有變動。）

我的快樂年代

【PART I】

人大了，
懂得尋找美食，
懂得品嚐美味，
可味道這回事，
究竟還是食一份回憶，
食一種懷念，
最是讓人幸福。

夜闌人靜牛腩香

寫飲食文章，最難耐莫過於夜闌人靜時翻看美食照片，邊看邊於腦海中回味美食，再融會到文字，口水分泌往往像潰堤般湧現。而我，最怕看到泛著金黃的清湯牛腩，總讓我想起母親大人的巧手清湯爽腩。一大盤爽腩，塊塊肥瘦相間，浸淫於透亮的清湯中，不論湯還是肉，皆是上品。

有時會問老媽：「爽腩不是很難買嗎？」

「一大早出門到街市，看準肉販將全幅牛腩拿出來時，立即把整塊爽腩買走就好。」她不當一回事地侃侃而談。

談到牛腩，真的不能不讚廣東人「食不厭精，膾不厭細」，縱觀世界各地，能把這塊牛腹肉分解舞弄至如斯境地也只有香港人。歐美國家大多只有牛肋條、牛胸腩，就算本是同根生的內地和臺北，對牛腩也只知個大概；換成香港，即使是普通主婦也可娓娓道來「坑腩」、「崩沙腩」、「爽腩」……

所謂牛腩，自然不是「肚腩」，精準點，是牛腹與牛肋骨之間的一塊肉。再細分，與牛肋骨相連的一塊，因挑走肋骨時不免留下深坑，稱為坑腩；而坑腩尾後連著兩塊像裙邊又像筋膜的肉，就是內行人所謂的崩沙腩和爽腩。由於一隻牛只有一小塊爽腩，肉舖一般早把爽腩預留給相熟餐廳，因此對爽腩，大多只聞其名，而不知其味。

坊間不少食店均以清湯腩自居，但看得上眼的也只有兩家老牌名店；已有九十年歷史的「九記牛腩」，一直獨以牛腩作為主打，除清湯腩也兼賣咖喱牛腩。

在九記，總愛先來碗牛骨清湯。說清湯，其實該叫牛骨濃湯。一直認為這碗湯是九記最價廉物美的一味，不到十塊錢，便享用到集兩代人心血的一碗湯。湯底以大量牛骨再加入獨門中藥祕方長時間熬煮而成，湯色清徹見底而不見半滴油，其中去雜質和除油功夫是可想而知。只一口，保證會被這碗濃厚澎湃又富中藥香的牛骨湯擊倒。

另一祕菜「上湯爽腩」，名字雖一直列於餐牌（注：菜單）上，但吃到的人著實不多，全因爽腩每天來貨太少，不作粉麵搭配，只能單點，一小碗索價破百元，豈不嚇壞一般打算來吃碗粉麵的老百姓。再者，這味爽腩來無蹤去無影，就算你願意大破慳囊，揚聲來碗爽腩，也可能只獲冷冷回答：「還沒準備好。」

想品嚐這道神出鬼沒的爽腩，最好於傍晚六點左右到達，先細問店員一句：「有爽腩嗎？」

他不會直接回答，就算有也只會小聲說：「點吧。」

更有趣的是，假若點了兩碗湯加一份爽腩，轉身卻只聽到店員回頭向廚房大喊：「兩碗湯。」

爽腩兩字，有如佛地魔一樣，祕而不宣。

或許你會認為吃碗牛腩，怎麼搞得像反清復明一般「看時間」、「玩暗號」，但只要爽腩一上桌，什麼怨言也隨爽腩吞下肚了。九記的爽腩塊塊精品，半透光像凝脂般的筋膜，夾著薄薄一層精肉，外爽內腴，筋膜在口中軟軟融化，與舌頭絲絲糾結，那抹牛肉香，久久不散。

能與九記齊名，稱得上一時瑜亮的，只有穩紮於天后的「華姐清湯腩」。華姐師承另一家清湯腩店，早年自立門戶更有青出於藍之風。每每談及華姐，朋友總會不經意問及，跟九記相比哪一家較好？每次我總會微笑著回答：「華姐，是另一種美。」

華姐賣的是貨真價實的牛骨清湯，雖同樣以大量牛骨熬製上湯，但華姐加入蘿蔔一同熬煮，這口湯，濃郁又散發絲絲清甜，生津舒坦。

稱得上一時瑜亮的兩家清湯腩店，九記和華姐，一家濃豔，一家清新，口味各擅勝場，唯一相同是，兩者皆靠著對清湯腩的堅持和鑽研，屹立香港幾十年，贏盡食客口碑。

華姐不像九記有什麼「隱藏」名菜，需按時按刻再加上特別「暗號」才吃得到。不過，在這裡點菜也有些小祕訣。為了要嚐嚐那口甘之如飴的牛骨清湯，我總點「牛腩撈伊麵」。點撈麵是為了隨麵附送的那小碗特濃清湯，上桌前店家還會於湯中撒一把蔥花，湯頭甘甜無比，青蔥的幽香讓甘甜味更加昇華。

不知何時，伊麵就成了牛腩的最好拍檔。或許是它柔韌又帶油香的特性跟牛腩天生一對。在華姐吃牛腩，點菜時我總會帶一句：「牛腩要半肥瘦。」然後，送上來的必定是肥瘦相間，塊塊夾精夾肥的牛腩。這樣的牛腩最美味，肥肉甘香，瘦肉散發濃濃牛肉香，一口嚐盡兩種滋味。

而華姐最得人歡心的是全天候營業，不論哪時哪天，牛腩癮一起，便可殺去天后來碗撈麵，吃至心滿意足再離開。

都說深夜寫食文最磨人，字字烙在電腦螢幕之上，牛腩之味卻在我腦中千迴百轉，更不時想起母親大人為吸引我回家吃飯，總愛問我想吃什麼？

「爽腩！」這是我千篇一律的答案。

忽爾，不知是哪家人在煮宵夜，從窗邊飄來濃膩又豐郁的肉香，聞得人心癢難耐。是我寫文章寫壞了腦，還是真的太久沒回家吃晚飯？總覺得這肉香，跟母親大人的清湯爽腩，如此相似……

【店家資訊】

■ 九記牛腩

地址：中環歌賦街21號地下

電話：(852) 2850-5967

營業時間：週一至六12：30～22：30（週日及公眾假期休息）

■ 華姐清湯腩

地址：天后電氣道13號A地下

電話：(852) 2807-0181

營業時間：週一至日11：00～23：00

小確幸，煲仔飯

但凡說起煲仔飯，不論香港人還是國外朋友，第一時間總會想起廟街。真不明白何時廟街跟煲仔飯劃上等號，不過我也不例外，於青春歲月，因著煲仔飯，在廟街留下些微足印。

記得那是大學年代，豬朋狗友閒來總愛碰碰面、聚聚頭。秋風吹來，不是打邊爐（注：吃火鍋），便是吃煲仔飯，不謀而合總說去廟街。是廟街特別好吃嗎？也許不是，反而是廟街獨有的街頭氣息，使它成為每次的落腳點。幾支大啤，幾鍋煲仔飯，再來個蠔餅炒蜆，空氣瀰漫著炭火和熱鬧氛圍，一切，全是味道以外的享受。

人大了，對味道要求也高了，更不時反問自己，廟街的煲仔飯又乾又硬，一鍋上來，半鍋焦底，再便宜也枉然。

要吃煲仔飯，要細嚐炭火香，「坤記」是不二選擇。

香港不少菜系都有時限特點，點心只於早午市出現，火鍋則只存活於晚市，而煲仔飯，則於傍晚炊煙，夜幕低垂時上市。大白天，坤記不過是尋常茶餐廳，賣碟頭飯以饗附近住客；但一到太陽西下，便點起星星炭火，燃起無限炭火香，食客也循香而至。

記得第一次造訪坤記，年少無知，也沒搞清楚桂香街在哪，最後淪落至搭的士（注：計程車）趕往赴會，到餐廳後，劈頭便被老闆娘罵：「怎麼遲到？」坤記就是這樣，訂了位，不準時會被罵；重點是，訂了位也要等，只是不用等到天荒地老。

甫踏進桂香街，已聞到瀰漫在空氣中的炭火香。坤記的煲仔飯，香得誘人，每個煲仔飯先用明火煮至八、九成熟後，大廚再轉用炭火慢慢燒出飯焦（注：鍋巴），這煲飯，殊不簡單。

所謂煲仔，即砂鍋。以砂鍋煮飯，勝在受火均勻，粒粒米飯清香又富彈性，再於飯面蓋上食材，不論海鮮還是肉類，肉汁通通傾瀉於米飯之中，精華盡收，米飯豈會不好吃。吃到最後，再刮出香脆又充滿焦香的飯焦，完美。

姍姍來遲的煲仔飯，甫上桌，混合著飯香和炭火香的獨特香氣已撲鼻而來。開蓋，沿邊淋下祕製醬油，再蓋上鍋蓋，熱力將醬油豆香蒸發，逼入米飯，香上加香。等吃，永遠最磨人，這幾分鐘彷如隔世。在坤記，點什麼煲仔飯都好，向來，墊底的米飯才是主角。米飯以泰國香米新舊米混雜而成，下煲前先以油沾滿米粒，下水煮至大滾才下食材。最後十分鐘，從明火置換到炭爐，傾斜煲仔，沿邊烤香米飯，飯焦由此而成。

香甜的醬油，混雜著炭火焦香的米飯，簡單卻是永不出錯的配搭。肆意挖幾口，才驚覺這麼快就吃光了！別擔心，最底的飯焦也精采絕倫。單吃已經香脆無比，我更愛把飯焦通通沉到碗底，再澆上一勺熬到濃得化不開的豬骨湯。鮮甜上湯搭配炭火烤成的飯焦，這口自家鍋巴湯，作為一頓煲仔飯的結尾，無以尚之。

坤記的煲仔飯，永遠「飯」才是主角，不論是出雞飯或窩蛋牛肉飯，那口混雜炭香和米粒清香的米飯，一口，就讓人畢生難忘。

也許有人以為煲仔飯隨處可見，但能嚐到清香又富彈性的米飯，隱隱傳來炭火香，還有那口鮮至甘腴的豬骨湯，一切，皆是坤記獨有。

可惜坤記實在難訂位，盛夏還好，但秋風一起，饕客如同與紅葉一起醒來，紛紛往坤記湧入。隨便一訂，個多星期後才有空位，什麼興之所至，什麼吃癮襲來，都只能空自乾等。我一直想再找一家煲仔飯心水店（注：心儀的店家），就算水準不及坤記，作為「美沙酮」，解解忽爾襲來的煲仔飯癮，也是美事。

……

位於旺角朗豪坊後街的「銓滿記」，就是我的「第二最愛」。別以為稱作第二最愛，就不過是次級替代品；銓滿記，也有它的獨門銷魂香。

銓滿記可謂占盡地利，不單隱身於朗豪坊後街，交通方便，人流旺盛，而且另一邊就是旺角街市，老闆天天親自到街市挑選時令海鮮，用以入饌煲仔飯。在銓滿記，就該吃新派的海鮮煲仔飯。

也許你會納悶，海鮮與煲仔飯的組合適合嗎？不會把新鮮海鮮平白糟蹋嗎？前往前我跟你有同樣疑問，但只待煲仔飯上桌，什麼疑問都一掃而空。餐牌上海鮮煲仔飯琳瑯滿目，不單有相對「合理」的「大鱔煲仔飯」，就連「金蒜粉絲開邊蝦煲仔飯」都有，別出心裁。

若說坤記有教人無法忘懷的炭火香，銓滿記則帶食客來趟懷舊之旅，只要多付幾塊錢，煲仔飯便可添加豬油。豬油香，米飯甜，想想就知是

銓滿記的新派煲飯，糅合傳統和時令海鮮，看似奇怪，實是破格又美味。別忘了多花幾塊錢來些豬油作點綴，店家自製豬油，香得勾魂奪魄。

天仙配。金蒜粉絲開邊蝦煲仔飯，把米飯沉在煲底，中間墊上粉絲，表層再鋪上金蒜開邊蝦。打開蓋，賣相奪目，香氣撲鼻。這時，侍者從旁遞來一小碗半乳白油脂，一看，大喜，再聞，豐腴甘香，是貨真價實的豬油。立時撥開鮮蝦，一股腦兒把豬油傾瀉而下，混合米飯，讓熱力將豬油融化蒸出縷縷香氣，這脂香，真夠銷魂。

米飯軟糯有嚼勁，這不單是新舊米交雜的心思，還有控制水分和火候的功夫，米飯沾上蒜蓉和豬油，香到不行。火候控制得宜，蝦肉爽甜鮮美，還有吸滿油香、蒜香的粉絲，和米飯三者混合，好吃到停不下來。

別以為美食樂曲就這樣落幕，最精采的終章現在才奏起。吃完表層的米飯，順手在煲邊輕輕一剷，整塊飯焦頓時應聲反轉過來。原片飯焦離鍋，是功夫也是造詣。入口薄脆過癮，吃得我滿嘴米飯。我笑問老闆娘：「這飯焦真夠精采，可以讓我拍一下灶頭嗎？」

「這可是我商業祕密。」老闆娘笑著答我。聽到祕密兩字，我更心癢難當。衝到灶前，一看，果然是特製爐頭。笑一下，我把相機收好，祕密，就一直保密下去吧！畢竟，只要有美味，我便於願足矣。

忽爾轉念，從前跟朋友大杯酒、大塊肉，在街頭大快朵頤；食物是否真的美味可口好像也變成其次。今天，人大了，工作忙了，先別說朋友少了，就算交心幾位聚頭也少了。然而我們變得講究，變得重視食物味道。尋到坤記，尋到銓滿記，味道滿分了，可惜那份在街邊吃煲仔飯的幸福，卻總差一點。

社會逼迫著我們長大，而成長總要交學費，知識偏使人更冷漠。我們也變得懂吃，懂得尋找美食，懂得以美味彌補缺失。

但若然可以倒轉的話，像歌詞一樣，我更懷念過去單純美好的小幸福。

【店家資訊】

※坤記煲仔小菜
地址：西環皇后大道西263號和益大廈地下1號舖
電話：(852) 2803-7209
營業時間：週一至六11:00～00:30，週日18:00～00:30

※銓滿記餐廳小廚
地址：旺角新填地街419號萬福大廈地下
電話：(852) 3760-8855
營業時間：週一至日7：00～00：00（只於晚市供應煲仔飯）

一鍋心血

近來香港泛起一種大香港主義，什麼都以香港為依歸，人人都是「香港人」，廣東話才是玄門正宗。話說回來，「香港人」是個頗空泛的概念，是指祖宗三代都在香港土生土長的人嗎？那麼只有新界原居民才稱得上香港人。要不，是指一心以香港為家，早植根於香港，來自五湖四海的人嗎？這種說法又彷彿一下子把「香港人」的光環變得暗淡無光。

談起這個話題，全因香港自五、六十年代，因著各種政治因素和社會問題，不知不覺聚居了一群來自五湖四海的僑居華人，也因著僑居，把口味和菜系一併移植到香港。時至今日，在香港還能找到些早在內地失傳，甚至絕種的菜式，全賴當時的移民在這片彈丸之地默默守著這份口味；也因著香港人大多是無根移民，接受度特別高，促使這世界不同正宗口味都能在香港落地生根。

談到從中國落戶香港其中一個最大族群，必定是潮州人。據非正式估算，現時在香港定居的潮州人超過一百萬。香港真的「潮人」特別多，潮人多，潮式口味也特別正宗，就兩項絕活便教一眾老饕魂牽夢縈。

先說一鍋經年累月，甚至集幾代人心血的滷水。在香港，只要談到滷水，不自覺就想起潮式滷水食物，然後便想起位於觀塘的「阿鴻小吃」；想起那片片甘香肥美的鵝肉，口水便忍不住傾瀉而出。

於阿鴻，最讓人煩惱就是美食太多，不知點哪幾款。想品味鵝肉甘香柔嫩，又想吃軟滑富脂香的大腸，呀！還有蒜香雞、粗齋、素鵝……究竟來幾趟才能一圓饕願？

阿鴻小吃，緣起於一場大病。二〇〇三年沙士（SARS）肆虐香港，經濟低迷，百業蕭條，食肆倒閉，公司裁員，屢見不鮮。原本在機場膳食作大廚的鴻哥，得悉公司為節省成本，打算辭退低層員工，他力排眾議，向管理層提出，由他一人離開保住其他員工。是時勢，是命運，鴻哥就在風雨飄搖的二〇〇三年創立阿鴻小吃。

跟阿鴻小吃的緣分始於二〇〇四年，開業近一年，阿鴻小吃已於網上薄有名氣，初踏足「搵食」（注：覓食）界的我，連阿鴻的營業時間也搞不清楚，第一次在阿鴻小吃品嚐到的是「閉門羹」。

冷水澆不息我心中的一團火，擇日再戰，一吃，就愛上阿鴻，他將傳統不修邊幅的滷水小吃，以刀工和巧手幻化成精雕細琢的美食。當年我暗暗可惜那鍋作為潮式食店命脈的滷水，還欠一點火候，不過，這是非戰之罪，只待時光荏苒，必成大器。

當時，我是如此想。

想不到才五、六年，阿鴻便被扣上米其林光環，從北角（注：前址在北角）地區食店一躍成為國際品牌。人人為鴻哥祝賀，自私的我則暗自埋怨：「以後阿鴻就一位難求了。」

十年間，造訪阿鴻不下數十次，看著阿鴻小吃成長，品味著滷水愈煮愈香，唯一不變的是食物還是如十年前一樣細心精巧。

在阿鴻，來碗例湯是指定動作。不少燒臘檔、茶餐廳所謂的例湯，不過是拿頭尾材料湊合而成，而阿鴻的例湯卻是誠意之作。不單經常轉換款式，以配合四時天氣，而且每次都火候十足，喝上來生津無比。最記得冷天時，在外頭吹著冷風等位，入座後先來碗熱呼呼的例湯，溫心舒坦，是完美的「開胃菜」。

人說阿鴻的粗齋卓絕，滷水甘香，但說到獨門，還數一道雞腳筋。雞腳本只是廉價小吃，但經過長時間浸泡，悉心整理，以人手把小片的雞腳筋細細剪出，本來堅硬不堪的雞腳筋變得爽脆可口，最後抹一把麻醬或芥末醬，索然無味的雞腳筋立時披上華麗外衣。麻醬濃稠不過分，芥末刺激不嗆喉，兩者跟雞腳筋都是絕配。沒吃這道菜，真有如入寶山空手回。

主角來了！在阿鴻吃滷水菜式，除了味道，還吃賣相。看著片片切得分毫不差的鵝肉，井然有序地鋪陳在碟上，就知鴻哥的心思。鵝片肉質細滑，縱是鵝胸，也覺肉嫩甘香，滷水香融匯肉香，細細在舌頭上發散，無比誘人。經過近十年浸淫，融合幾年間成千上萬隻鵝的精華，現在這鍋滷水，足以跟坊間老店分庭抗禮。

除了鵝肉，大腸也絕不能錯過。常認為，大腸確是一種「吊詭」之物。若處理不當，大腸帶著濃濃的異穢味，實難以入口；反之，若處理過火，大腸失去獨有的臊香，縱有巧手，也味同嚼蠟。阿鴻出品，便平衡得恰到好處，入口軟滑豐腴，隱隱嚐到大腸臊香，配上阿鴻自家甘醇悠長的滷水，實在是妙品。敢說，怕吃內臟的朋友，你的人生缺失了一種不能錯過的美味。

要數阿鴻的美食，我想三天三夜也數不完。就像我，兩口子到阿鴻，每次也只能萬中挑幾，這次吃過鵝肉、鵝翼，下次來就吃蒜香雞和素鵝，再下次就回味撈麵和蝴蝶腩，下次下次……阿鴻小吃，讓人百吃不厭。

⋮

彷彿，潮州食物都講求時間和心血，一鍋黑沉沉滷水，經年累月沉澱而成。而看似簡單一顆白皙圓胖胖的魚蛋，從挾起到吞下肚，或許不過幾十秒時間，但要獲得一眾食家讚許，所費可能是幾十年的鑽研和堅持。

說我懶或是說我私心也好，我一直情迷大埔的「蔡潤記」。有一段日子，差不多每逢週末都會一大早爬起來，衝到蔡潤記吃碗麵，再回家「補眠」。

只能於週末吃到蔡潤記，全因開業幾十年，店家一直堅持限量發售魚蛋粉麵，平日不到三、四點就全店沽清，週末更可能兩點未到便「百無」，不早點出發只有撲個空。

蔡潤記，看似古怪不已的名字，偏偏卻在大埔鬧出雙胞胎，而且兩間店不過是一街之隔。

於蔡潤記吃魚蛋，更要吃上店家的「風骨」。早早到步，坐好點菜，不能催；飲料自拿，沒服務，也沒裝潢。如斯惹人生厭，人客也絡繹不絕，其中美味，是不言自明的了。

蔡潤記，潮州人蔡木柔的名號。五十年代，於東昌街魚市場賣新鮮魚打魚蛋，然後便於街上賣魚蛋粉，後來東昌街有舖位，蔡木柔便乘勢入舖，創立蔡潤記。直到八十年代初，蔡老先生退休，兒子也無意接手，便頂手給同是潮州人的現任老闆，也一併把潮洲打魚蛋技法傾囊相授，讓絕活繼續發揚光大。多年後，蔡老先生的兒子想繼承父親祖業，便於一街之隔打起「新蔡潤記」旗號。兩店，同是師承蔡老先生一脈，可謂河水不犯井水，反正，客人多到做不完。

從小我就吃慣蔡潤記，也早吃慣這店的傲骨。蔡潤記，幾十年就只賣潮洲白魚蛋、炸魚片、潮式牛腩和幾種小吃，從不貪多摻雜雲吞、水餃之類。如果不了解，點菜時說要碗雲吞麵，難免會遭到伙記白眼，冷冷一句：「這裡沒有雲吞。」

不單味道，就連裝潢也幾十年沒變。白牆身貼滿菜牌，地面鋪上紙皮石（注：馬賽克）細磚，不過二、三百呎的大廳中間，置了五、六張大摺檯，人人併桌而坐。「請耐心等候」是來蔡潤記的不二法門。放眼那邊的開放式廚房，老闆和老闆娘兩人，一人執碼（注：在廚房負責備好配料），一人煮麵，應付絡繹不絕的食客，高峰時間，點菜後等二、三十分鐘是等閒事。蔡潤記的魚蛋到今時今日還依循古方，只以新鮮靚魚打造，如寶刀和鰽白等，如貨源不穩，寧可停產，也不願將就湊合。天天以人手起肉，再打成魚蛋，產量不多，難怪不到黃昏就沽清。老闆曾笑說：「現在新鮮魚多矜貴，動輒四、五十元一斤。如果來這只吃碗淨魚蛋，我幾乎蝕大本。」

像我這種貪吃之人，又豈會只吃一碗淨魚蛋。總愛先來碗牛腩撈麵，再來一碗淨蛋片，最後一碟炸魚皮是跑不掉的。賣潮式粉麵，牛腩當然也是潮式做法。有別於廣東清湯腩，牛腩原塊以潮州滷水煨煮多時，上桌前才切成小塊，保留原汁原味，最後，澆上一勺集牛腩和滷水精華的滷汁，盡收點睛之效。牛腩鬆軟而吸盡滷汁精華，我最愛墊底的滷汁，迸發出無盡牛油脂香，平凡麵條也變成珍品。

魚蛋小小一顆在金黃湯底中載浮載沉，像極小寧波湯圓在薑湯中漂蕩。一顆入口，魚蛋軟滑又富彈性，鮮香不澎湃，淡然散發。一粒下肚，意猶未盡。那淡淡的鮮香，有若品茗般，淡雅的茶香不造作不亮眼，久久不散，餘音裊裊。

炸魚片又完全是另一種風韻。打好魚肉原條炸香，金黃皺皺的外皮，讓魚肉鮮香多添一份油香，泡在鮮美十足的上湯中，實在是鮮上加鮮。如果以淡雅形容白皙魚蛋，那麼濃豔定是這道炸魚片的形容詞。咬開魚片，鹹鮮適度，魚香在味蕾上爆發，好吃到幾乎讓人上癮。如果能在一碗淨魚片中，碰巧遇上一塊「魚片頭」，就是我在蔡潤記的最大驚喜，足讓我樂開懷半天。

一顆魚蛋，一片鵝肉，看似平凡，實有如樂曲中的一個簡單長音，聽似平凡，卻最考功力。單音一枚，能達致如泣如訴，如歌如頌，隨便都需幾十年浸淫。魚蛋，要鮮香彈牙俱備；鵝肉，要吃出歷練滷水香，幾十年，該是入場券吧！

幾十元，吃掉別人一生甚至幾代心血，還有比這更超值嗎？

【店家資訊】

阿鴻小吃
地址：觀塘鴻圖道83號東瀛遊廣場地下A舖
電話：(852) 3107-4111
營業時間：週一至日11：30～22：30

蔡潤記
地址：大埔東昌街7號地下
電話：(852) 2657-6460
營業時間：週一至日07：30～13：00（週六、日最晚於早上十點前到店）

凝脂白滑 豬腸粉

豬腸粉，可能是每個香港人的集體回憶。

小時候，腸粉檔總莫名跟學校被紅線綁在一起。不論中、小學，附近總會有腸粉檔應運而生。但凡耳聞「叮叮」聲，便知不遠處有學生正在買腸粉。那種叮叮聲，獨特明亮，縱然到今天，一聽，便牽引出幾十年回憶，雙眼發亮暗叫：「有腸粉檔！」

所謂腸粉檔，不過是台木頭車再內嵌蒸爐連活門。買腸粉是個很有趣的過程，有點像天地會找內應一樣，走到檔前，說出要幾塊錢腸粉，可又從來沒有人問腸粉幾錢一條。「五蚊（元）腸粉」、「十蚊腸粉」，吃了幾十年，我還搞不清究竟「五蚊腸粉」是有多少條。

收了「柯打（注：order，點菜）」，檔主便敝開活門，從白茫茫的蒸氣中掏出腸粉。「叮叮叮叮」，幾下上落，腸粉被剪成小段，再澆上花生醬、醬油和芝麻，豬腸粉便好了。

兒時吃豬腸粉總愛搗蛋，從邊皮翻開豬腸粉，還原成薄薄一片粉皮，沾滿醬油，一口氣吸啜入口，難免濺得滿身醬油，再換來母親大人責罵。雖說搗蛋，但又有誰兒時沒如此吃過豬腸粉？

好懷念腸粉檔「叮叮叮叮」的美妙樂韻。

試過特意回到從前中、小學林立的屋村，可腸粉檔早銷聲匿跡。時至今日，豬腸粉只能在粥粉麵店委曲求存，旅客大多也只懂「皮薄餡靚」的茶樓腸粉；相反地，這種樸實無華，翻開有若菲林（注：底片），載滿香港人兒時光影片段的豬腸粉，幾近「絕種」。

腸粉檔絕跡後，吃腸粉，只能往「合益泰」走。從深水埗地鐵站C2出口上地面，合益泰可謂「遠在天邊，近在眼前」，躲在路旁的合益泰，門面都被路旁攤檔擋住，頭抬高一點，才看得到合益泰的招牌。甫走到小巷，已見合益泰門口的人龍，別怕，直接走到店面，總有位子。

坐好，不到幾秒，店員便趨前問要吃些什麼。我永遠回答：「我自己到門外買。」我真犯賤，不喜歡安然等待店員送來腸粉，偏要走到門外後巷排隊，只因門外現點現剪更新鮮。在店內，招阿姐來一碟腸粉，轉身她便從蒸籠端出早剪好、了無生氣的一碟；相反，費點腳力，到門外排隊，現點現剪，甚具昔日街角腸粉檔風貌。

「叮叮叮叮」，想到瞬間就能品嚐美食，看著店員剪腸粉也成了一種享受。白滑細長的腸粉以米漿蒸熟捲製而成，但見店員俐落一拿、再剪，最後像潑墨般灑上醬油、麻醬等，轉眼我便捧著又香又熱騰騰的腸粉走回座位。

人人愛「混醬」，甜醬、辣醬、麻醬，通通混雜；我則獨愛醬油、麻醬的單純風味。合益泰用上知名「潘記粉廠腸粉」，嫩滑可口，「咕嚕」一聲滑到喉嚨，好滋味。除了滑，還香氣十足；說的不止米香，還有足以勾魂奪魄的豬油香。疑惑怎麼不見阿姐澆上豬油，我想，早該融化在麻醬中吧！一抹豬油，樸實無華的腸粉立時遍體生輝。

每次在合益泰有如癮君子般品嚐腸粉時，我就無名火起。為何今日，街頭腸粉檔被打壓得銷聲匿跡，連帶豬腸粉這小吃幾乎消散在飲食長河之中。臺灣，夜市林立；新加坡，老巴剎成為必吃景點。我真想問，香港政府做了什麼，口口聲聲支持本土文化，但又何曾保育過本土飲食文化？

我們要的不是半哄半騙把小販檔移殖入店，我們要的不過像臺北夜市，原原本本呈現街頭小吃風味，在鬧市中留一吋樂土給市民旅客享受「掃街」樂。右手捧碗仔翅，左手拿著燒賣、魚蛋，幾十元，快慰一餐。

政府，高官，你懂我們要什麼嗎？

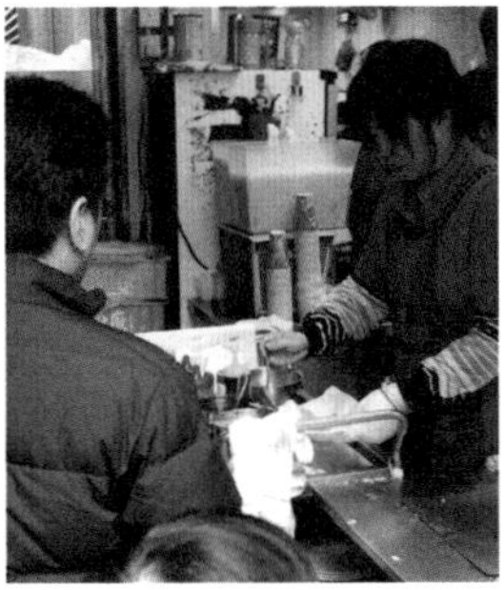

看阿姐剪腸粉，叮叮叮叮之聲不絕於耳，未吃，就覺得是種享受。犯賤般到店外排隊買腸粉，是於合益泰享受最新鮮熱辣腸粉的不二法門。

【店家資訊】

■ 合益泰小食

地址：深水埗桂林街121號地下

電話：(852) 2720-0239

營業時間：週一至日06：30～20：30

唐餅囍雙逢

有時也不想再怪香港人媚外，也許，是時勢使然。飲食雜誌當道，為銷量，甚至只為畫面漂亮，棄傳統餅食，介紹西洋精緻糕點，實無可奈何。唐餅或是中式餅食，好像早跟老套畫上等號。

說私心也好，我對中式餅食的確有一份情意結。

時光流轉到少不更事的年代，小學生，天天上學放學、看電視，不分寒暑，也不分時節。從小，母親大人寧買西餅，也絕少涉足中式餅食世界，原因乃是得之太易。每到中秋節前半個月左右，家中總會突然多了位客人，差不多時候，只待門鈴響起，我就猜是叔叔來了。

這叔叔是老爸的堂弟，我們也不分親疏，直叫叔叔。聽兩老閒聊說過，叔叔跟他們差不多時候偷渡來香港，最初也跟老爸一樣於三行界（注：裝修與建築界之統稱）打滾，幹了不久，經朋友介紹輾轉進了「恆香老餅家」當製餅師傅。自此，便成為我家中式餅食的指定「供應商」。

每逢中秋節，他總會提著四、五盒月餅來我家拜訪。四、五盒，只為滿足我家的饞嘴。「雙黃白蓮蓉，蛋黃和蓮蓉配搭比例最恰當，味道最好。」如數家珍的他繼續說：「五仁火腿月餅大哥喜歡吃，七星伴月包裝精美，特意拿來給你們看看。」然後對我笑笑：「我記得你最愛四黃白蓮蓉，另外，雙黃紅豆沙月餅是你哥哥的。」

抱著四黃白蓮蓉，我笑得樂開懷。迫不及待切個品嚐，蛋黃充滿片片月餅，黃油香到不行。當我肆意吃月餅時，叔叔總會取笑我：「你真不懂吃。吃月餅該吃蓮蓉，蛋黃壓根兒不值錢，直接買幾個鹹蛋黃蒸來吃好了。」

近十年餅業式微，叔叔也於早幾年換了工作，但到今天我依舊情迷中式餅食，也許，就是叔叔替這個「不懂吃」的姪兒，開啟了中式餅食大門。

你說我親疏有別也好，談傳統餅食，我還是覺得恆香最合我心水。這十年間，聽過不少噩耗，不是說恆香倒閉，就說恆香賣盤易手，然後又不時聽到恆香賣物業套現周轉。每每，我都心痛不已。奇華、榮華可以做得有聲有色，更自詡是香港手信；恆香卻瀕臨倒閉，真的不能怪別人。早陣子，到元朗吃天鴻燒鵝，路過賣出再自租的恆香總店，大門關上貼著內部維修，我衷心期盼真只是內部維修。

中秋臨近，見朋友買月餅自吃，就覺得莫名其妙。朋友反問：「想吃又不買，難道等別人送？」我笑而不語，心想：「從小家中月餅真是別人送來。」也許正因如此，到今天我還是沒有買月餅的習慣，想吃蓮蓉，過過中秋癮，頂多買「豬籠餅」回味一下。

蓮蓉，是月餅的靈魂。承如叔叔跟我說過：「最懂吃的人都吃淨蓮蓉月餅。」別說大規模製作，單是在家弄廚為樂，為做蓮蓉，幾乎手也斷。蓮蓉要香夾滑，必挑正宗湖南湘蓮，先泡水去芯去衣，以慢火細煮至變軟，撈起瀝乾搓成蓉，為求幼滑，過濾三、四次是等閒事。搓好蓮子蓉，炒製才是重點。蓮子蓉下鍋，下花生油和砂糖，手用勁起勢炒，沒捷徑，沒花巧。火，愈小愈好；手，愈密愈佳。往往耗上三、四小時，炒至顆粒全融化成絲，才叫完工。

而豬籠餅，正是古時窮人月餅。有說製月餅難免會有些許蓮蓉料頭料尾，不想浪費，便製成小豬形狀平價出售。同時，窮人吃不起月餅，卻希望小孩同樣感受過節氣氛，總會買這種盛在塑膠豬籠花燈內的豬籠餅，逗小孩開心。

同是月餅皮，同是蓮蓉餡，豬籠餅味道跟月餅不相上下，只欠我最喜歡的蛋黃。雖說豬籠餅是孩童恩物，但幾近年年買來回味，也許，是我不想長大吧。

∴

叔叔換工作前，我幾乎沒到過恆香任何門市，所有餅食總是不期而遇。偶爾放學回家，看到飯桌上擺了餅食，林林總總，就知叔叔來過。轉身，逕自拿件老婆餅邊吃邊做功課。還沒吃，餅皮便酥脆得碎碎跌下，咬開，冬蓉幼滑不過甜，一口兩口三口，一件便吃光光，只剩下一地餅碎和舌上讓人不住回味的甜膩。

這老婆餅起源於廣東，現兩岸三地皆可發現，但還是香港做得最好。拈上手輕盈不油，酥皮層層堆疊，酥香鬆化，未溶於口，先碎於手。冬瓜蓉打得細滑，輕柔不黏口，清甜生香。如剛好碰上新鮮出爐，燙手又燙口，特別可口。

中秋節以外時間，若想吃蓮蓉，我必定挑蛋黃酥和皮蛋酥。怕肥膩可以吃迷你版，迷你蛋黃酥，小小一顆圓蛋，像個小饅頭，酥皮和招牌老婆餅同出一轍，輕柔易碎。一口咬掉半顆蛋黃酥，蛋黃和蓮蓉一次過在口中融合，甘香甜膩，幸福無比，忍不住再一口就把剩下的半顆迷你蛋黃酥吃掉。

皮蛋酥我則愛原顆版本，像極顆鵝蛋，沉甸甸，全因把整隻皮蛋鑲入其中。細滑蓮蓉在黝黑皮蛋上結聚，一口咬下，滑上加滑，皮蛋彈牙不已，而整顆吃起來就更過癮。蓮蓉的甜膩和皮蛋的幽香，如同有化學作用般，讓人吃上癮。恆香的皮蛋酥特別在於不加入紅薑絲，皮蛋蓮蓉味道單純簡單。有人說少了紅薑絲，少一份層次，我卻情迷這種樸實無華。

恆香再走下去，不知會變成怎個模樣，是倒閉還是一直頹唐，不好說。別人也許會說，唐餅，還有「奇華」或「榮華」，小店也有「八仙」和「大同」，我應該會笑而不語。情意結，又豈單純只是味道呢？

我最懷念的，還是小時候捧在手心的四黃白蓮蓉月餅。

就算是親疏有別，到今天恆香還是給我一種味道以外的回憶。豬籠餅、皮蛋酥、蛋黃酥，種種皆是打開回憶盒子的鑰匙。當然，最懷念還是小時候捧在手心的四黃白蓮蓉月餅。

【店家資訊】

恆香老餅家

地址：元朗阜財街34號地下
電話：(852) 2479-2141
地址：旺角彌敦道579號地下1號舖
電話：(852) 2394-7668
地址：銅鑼灣軒尼斯道555號崇光百貨公司B2地庫
電話：(852) 2831-8414
營業時間：週一至日10：00～22：00

大學之道，大牌檔之道

早幾晚跟朋友吃飯，閒聊間說起離開校園多久，數數手指，原來也超過六年。三年幼稚園，六年小學，七年中學，三年大學，再附加兩年研究院，一晃眼就二十二年了。我也許比較晚熟，又或是到大學時人才開竅，記憶中，在香港中文大學混的日子最難忘。

讀書前先談入學，入學自然而然參加迎新營。不少人以為迎新營盡是荒淫無度胡鬧不已，若真的如此，我想我會自願多「被迎新」幾遍。大家看到的，不過是傳媒渲染，莫名把金剛圈套到大學生頭上。

四天迎新營，玩過些什麼，瘋癲過些什麼，早忘得一乾二淨。該是我天生就饞嘴吧！倒還剩下些關於美食的回憶。說的當然不是某飯堂像雜技般「反地心吸力粟米魚柳飯」，而是其中一夜，結隊到火炭大牌檔的宵夜時光。

大牌檔一詞，見證了香港由戰後百廢待興，走到今天的繁華盛世。當時政府為安撫戰後傷亡家屬，故特別發出小販牌照以增加就業機會。牌照分成固定和流動小販兩種，前者為大牌，後者為小牌。固定小販多作熟食生意，擺幾張桌與摺凳，點一口火爐，串一排鎢絲燈，就是小販的「檔口」。營業時，更要把牌照的大紙裱鑲於當眼處，以便查核，由此，大牌檔一詞不脛而走。

到八十年代中期，政府開展十年建屋計劃，助貧苦大眾「上樓」。在大型屋村附近總會附帶興建冬菇亭熟食中心（注：冬菇亭為香港公共屋邨的一種設施）。這種熟食檔與最初的大牌檔有點分別，但形似內容也似，漸漸地，大家混為一談都稱作大牌檔。

火炭大牌檔即是這種冬菇亭。附近工業區商廈林立，這小小冬菇亭真有如沙漠中的綠洲。一字排開，三家大牌檔，名氣最大是「津津」，地利之便是「德記」，但我還是覺得「泰源」水準最高。

六年大學生涯，因著迎新營，因著嘴饞，前前後後造訪過泰源不知多少次。說在泰源門外留下不少腳毛也不為過。就連畢業後，想起大牌檔，不自覺就想起泰源的幾道撚手（拿手）小菜。

那些年，在泰源最喜歡表明「身分」。一到就跟老闆說：「我們是中文大學學生，有優惠嗎？」老闆總會說：「好好好！你們幾人？送你們兩道小菜。」雖說羊毛出自羊身上，但這種溫情，永遠洋溢於舊日大牌檔。

沙田，早跟炸乳鴿結下不解之緣。在泰源，乳鴿也是必點之物。「乳鴿原隻上，別切。」點菜時我必定囑咐。熱騰騰的乳鴿片刻便送到跟前，香氣撲鼻。整隻呈上，肉汁鎖肉皮下，原汁原味。先扯下鴿腿，肉汁立時迸發而出，皮脆肉香不在話下，醃得也透徹，壓根兒不用蘸精鹽已鹹香遍體。加上整隻邊吃邊扯，連手指頭都沾滿鴿油，實在太香了。

乳鴿別家也能做得好，但談到這味墨魚嘴，別家實在難以望其項背。連詳細名字也搞不清楚，每次來這我只懂直叫：「來道墨魚嘴！」渾圓小顆的墨魚嘴薄薄沾上粉後，炸至金黃香脆，再連同椒鹽料頭和菜脯一同炒至香噴噴。顆顆墨魚嘴都香脆又有彈性，沾上椒鹽更覺可口，這時來口啤酒確實美妙絕倫。

奇怪的是，在大牌檔總想來碗白粥。不知是否菜式道道重口味，一口白粥，有如生津甘露，一解先前的油膩。泰源的白粥綿滑可口，腐竹香濃而不過火，往往我都是邊吃墨魚嘴，邊喝白粥，一鹹一淡，相宜又和味。

人人都說大牌檔小炒最有「鑊氣」，所謂鑊氣，說穿了，就靠一口洪爐火。火燒得猛，不論小菜還是小炒，快上快落，原汁原味又夠熱騰騰，風味一流。火夠紅，炒麵也

不知泰源養育了多少代中大莘莘學子，充滿醬油香的炒麵，原隻免切乳鴿，還有香口美味的墨魚嘴，一定是所有中大人的集體回憶。

必定是佳作，泰源的炒麵特別有意思，棄一般銀絲廣東麵，換上扁麵，又像極伊麵，簡單炒香後以醬油調味。麵條油亮亮，條條沾滿醬油，入口香上加香，吃炒麵，加點辣醬更過癮。

離開校園，也不時到泰源回味大牌檔獨有風味。不時，身後甚至身旁一桌就是中大學生，不敢稱作師兄，但作為過來人，看到新一代中大人，還是懂得到泰源找吃，這也算是一種承傳吧！

泰源，也不知在火炭扎根多久，但十年、二十年，肯定有吧！一代傳一代，該連老闆也數不清泰源「養育」了多少中大學生，但可以肯定，每個中大學生都會記得在這裡的宵夜時光。

【店家資訊】
■ 泰源大排檔
地址：火炭山尾街熟食市場
電話：(852) 2697-3656
營業時間：18：00～03：00

我的故事，我的火鍋

如果說我是某食店的代言人，那必定非「盛記」莫屬。

人人都說看到我，就想起盛記；聽到我談火鍋，就預料我會說盛記。沒法子，二〇一二年，如果要我說成是「盛記年」，一點也不為過。

我有時也以為自已跟盛記結下了幾年的感情，認真一想，不過緣起於二〇一一年十月。當時才入冬不久，於網上發現盛記火鍋的食評，感覺不錯，便約了朋友和女主人一起試試盛記的質素。食材新鮮，價錢公道，才吃飽離開就想什麼時候再訪。最讓我印象深刻的是，只有寥寥三桌客人的廂房，心想，這店會倒閉嗎？能熬過這個寒冬嗎？

因緣際會，某報章想找我推介一家餐廳，人人挑新店，挑昂貴餐廳，我就偏偏執意選名不見經傳的盛記。報導出來當天，我的「盛記蟲」又咬我，「擇日不如撞日」，下班後直接殺過去，飽餐後我剛好跟老闆華哥打個照面，便笑說：「老闆，今天你們盛記上報紙呀！」

「真的？」華哥問我：「你有那份報紙嗎？」

我邊用報紙遮著臉，邊遞給他。他接過後細細閱讀。突然，一直在旁的廚師長看到華哥手上的報紙，猛然問：「怎麼這個人這麼像你？好像真的是你！」我尷尬地笑說：「是我，我好喜歡你們的店子。裝潢特別，食物又絕佳，價錢更是實惠。」廚師長再問：「之前在公開飲食網站寫的是你嗎？我開來有看，你的名字我有印象。」

自此，我就跟華哥和廚師長成為朋友。每每「盛記蟲」咬我，我就順手打電話給華哥，厚著臉皮問會有位子嗎？華哥每次總是笑笑地說：「來吧來吧！」

說點歷史，五十年前，盛記便扎根於沙田舊墟，相信當時沙田還是個渺無人跡的鄉郊。三十年前，政府發展新市鎮，盛記搬至現址瀝源邨地下，繼續為街坊提供價廉物美的粉麵。二〇〇九年，人說「苛政猛於虎」真的沒錯，領匯（注：房地產投資信託基金）入主屋邨，一下子大幅加租，巧立名目，五十年的心血差一點便一夜消失。幸得一眾街坊聯署上書，力撐這個聚腳點，才保得住這一點舊日人情味的「血脈」。

⋮

盛記白天賣廉價粉麵，為街坊學生提供營養美食；晚上搖身一變，換上華麗妝容，以四季火鍋應市。

走到瀝源邨，穿過幽暗的隧道，眼前豁然開朗。綠意盎然的盆栽，還以為是吊燈的紙扎吊飾，貼在牆上的黑白照，種種都不曾在一般火鍋店或麵店出現。再走進一點，飄來的不是火鍋香氣，竟是陣陣書卷味。五、六個書架，井井有條地陳置著各種書籍，若把木桌椅換走，配上幾套沙發，比什麼轉角或樓上咖啡座更覺悠閒。

轉身走進冷氣廂房，二話不說先來湯底，隨之而來的，便是款款精采的火鍋食材。

臺式火鍋，不外是麻辣鍋、白鍋或酸菜白肉鍋，港式火鍋特點在於任何湯底皆可入饌，集養身和美味於一身，像驅寒暖身的胡椒豬肚湯，或是清新鮮美的椰子雞湯，甚至精巧的冬瓜盅也可成為火鍋湯底。食材未上，先來碗熱騰騰的湯，暖身又滋補，火鍋的火氣，一下子全消。

盛記眾多湯底中，我一直情迷「雜菌鮮雞湯」。湯底上來，幾乎只見菇菌不見湯，用料十足。除了菇菌，更加了紅棗和桂圓，滋補又下火，真夠窩心。別以為湯底清澈，等於味道清淡，煮滾後先來一碗，雞味甘美又濃郁，百喝不厭。

港式火鍋中，牛肉就如臺式麻辣鍋的鴨血，少這一味，就如同少了靈魂一樣。而牛肉，更以手切新鮮牛肉為上品。雖說，內地黃牛不是什麼新鮮事，最近坊間名食家也開設一家黃牛專門店，但能達致價廉物美，盛記永遠是我的不二選擇。在外頭吃一碟本地

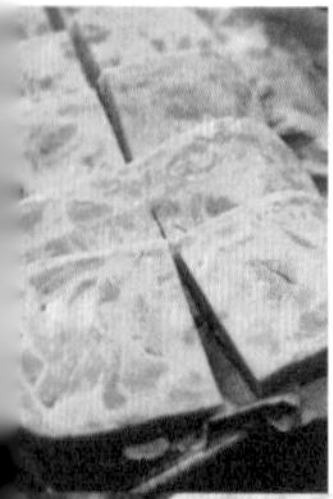

盛記，於別人眼中，這裡食材新鮮，價錢公道，牛肉、海產，種種皆價廉物美。然而，於我，跟老闆華哥結識是種緣分，更在此處走過大大小小節日，甚至結婚。這裡有我的故事，我的火鍋。

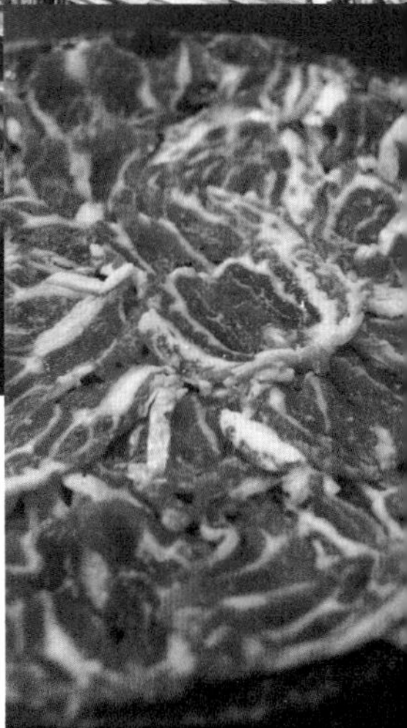

手切牛肉，動輒兩、三百元，而今天，盛記一碟手切本地牛肉（小），只不過索價港幣一百四十八元；質素更是穩定無比，每次都能吃到軟滑甘香，肉汁滿滿的牛肉。火鍋，還是本地手切牛肉最精采，比什麼美國安格斯，或是日本和牛，更合胃口。

說到牛肉，更不能不說盛記的獨門「鮮牛粒」。老闆華哥跟我解釋過這味鮮牛粒如何矜貴，說是哪個部位切下來，整頭牛也只不過能切成六、七客。這味鮮牛粒送上來就要立刻下鍋，放任在鍋中翻滾，大概半小時後，美味就來了。牛肉粒帶彈性，細嚼時牛油香徐徐釋放，可謂愈嚼愈香。愛軟滑一點嗎？多煮十五分鐘，立時變得軟滑甘香。

不少朋友也聽過這道鮮牛粒的大名，每每卻撲個空。沒法子，這味鮮牛粒貨源十分不穩定，有幾次我們十二人前往，預早打點，點名要預留鮮牛粒，華哥還是無奈說要看當天貨源。吃不吃得到，看你的緣分了。

⋮

幾年間，香港火鍋界興起炸腐皮。也不知怎的，還冠上杭州傳統名菜「響鈴」的名字，導致新一代不知什麼才是真的響鈴。幾乎每家火鍋店都賣炸腐皮，卻沒一家能媲美盛記出品。盛記的腐皮集鬆、厚、酥、脆於一身，咬開層層相間，酥香無比。坊間有些店做到薄而脆，卻缺少層層相疊的質感；有些夠厚了，卻不酥不香。不少朋友也愛炸腐皮，我敢說，沒吃過盛記出品，便沒嚐過最精采的滋味。

兩岸三地火鍋中，好像只有香港才有「桂花蚌」這味食材。說是蚌，卻不是貝類，我親耳在火鍋店聽過旁邊食客向同桌外國朋友介紹：「這是貝類的一種。」差點失笑出來。桂花蚌，跟珊瑚蚌一樣，其實是海參的腸臟肌肉，聽來奇怪又恐怖，但吃過就知道是另一回事。

桂花蚌在湯底中氽燙幾十秒，像蝦一樣，捲至微曲就可以品嚐，入口鮮美又爽脆，我一人可以獨吞一碟。每次談到桂花蚌，老闆華哥立時眉飛色舞：「別的不敢說，若論桂花蚌，應該沒人能處理得比廚師長更好！」我絕對認同，盛記的桂花蚌又粗又厚，從不零零碎碎，咬開又脆又鮮又甜，沒半點腥味。不少名店出品，動輒過百元一碟的貨色，都給比下去。

某程度而言，港式火鍋是吸納四川麻辣火鍋的元素。把「午餐肉」導入成火鍋食材，落戶香港後，不單麻辣火鍋，就連一般湯底，午餐肉也成為不可或缺的食材。不少朋友覺得把午餐肉「下鍋」，奇怪至極；但吃過盛記的午餐肉後，就忍不住說：「這午餐肉真不同，肉夠軟滑，油香也足，配麻辣鍋自然是天仙配，即使配普通湯底，也是精采至極。」雖說午餐肉不過是交來貨（注：從外面進的貨物，非店家自製），也是罐頭貨色，我問華哥：「怎麼別家午餐肉沒你們美味？祕密是什麼？」他笑笑說：「沒祕密，不過多花點時間，多試幾個牌子，就能發掘跟火鍋絕配的午餐肉。」

也許是火鍋的魅力，在翻滾的鍋底前，人人都成為美食愛好者，沒有階級，不分國籍，只為美食著迷。而我，也跟華哥成為好朋友；我跟盛記火鍋共度太多太多美好時光，就連人生大事——結婚——也是，我沒辦喜酒，簡單約了十來個好朋友吃頓火鍋慶祝，事先請華哥為我打點張羅。

盛記對我來說，又豈止是一家火鍋店。這裡有我的故事，我的火鍋。

【店家資訊】

盛記麵家
地址：沙田瀝源熟食中心5號舖
電話：(852) 2692-6611
營業時間：週一至日06：00～16：00、19：00～23：00
（只於晚市供應火鍋，需訂位）

一縷幽香

中國人真是個吃的民族，有云，上至飛鳥，下至走獸昆蟲，但凡背向天的都可以入饌。不僅吃，我們還吃得比別人深入。同是禽畜，別人只吃肉；我們上至皮，下至腳爪，皆可成為上品菜餚。跟外國朋友聊天問及：「怎麼你們不愛吃雞腳鳳爪？」她帶點疑惑反問：「沒有肉，怎麼吃？」

再以豬為論，全身上下都是寶。豬肉不在話下，內臟更可成為五花八門名菜，像在臺灣夜市陣陣濃香的麻油腰子，又例如廣東傳統巧手——杏汁豬肺湯；還有客家家常菜——炸大腸，當然少不了集各內臟於大成的潮式豬雜湯。

豬的眾多瑰寶中，最愛豬大腸，在餐館，不論是香酥濃鮮的九轉大腸，還是外脆內嫩的客家炸大腸，抑或是車仔麵檔的滷水大腸，總抵擋不了大腸獨特豐腴之味。

可惜，最具風味的街頭炸大腸，快被時代淘汰了。

也許你會疑惑，炸大腸怎會絕跡街頭？任憑一家街頭巷尾小吃店，在魚蛋牛雜旁邊，便有一串串染紅待炸的大腸，只待食客一聲，阿姐便丟到滾油鍋中，炸個幾十秒遞到跟前。吃炸大腸，又有何難？

對，還有炸大腸，可惜那是贗品，是妖邪之物。染色後冷凍，待點單才炸熱的大腸，外皮又油又膩，大腸不嫩之餘，更像橡膠，咬到牙關抖震。不知哪時開始，街頭炸大腸竟變成這個模樣。

我談的街頭炸大腸是另一種。

小時候，小吃從不入店，全以手推車駐紮在街角，炸大腸更是中堅份子。街頭炸大腸，甫開檔便有整條大腸置於鍋中。那是個特製鍋，半圓深黑鐵鍋中，置了個鐵架，中間圓形開口，注滿滾油。整條大腸染色後置於鍋中炸香，炸好的大腸放到鐵架上，有客人要一串，才挑起大腸，在砧板上切成小段串起。

一串炸大腸，咬開，全是功夫細活。先說清洗大腸，工序極為繁複，先汆水，細心剪除肥油，再以麵粉沖刷。洗好，又要「套腸」。大腸本是薄薄一層，吃上來不夠香又不夠嚼勁，故層層套起，足足套上四、五層，有若千層，才夠甘香。

正品炸大腸不難找，認明這兩層油鍋，看到盤龍般的原條大腸炸得通紅，待食客點菜後，以刀切成小片，這就是正宗。一口咬開，集香酥鬆脆於一身，保證一吃難忘。

套完腸，還要「上皮」。大腸要香酥薄脆，靠的是一層脆漿，脆漿以麥芽糖和白醋調和而成，薄薄掃在大腸外層後，徹底風乾，炸起來才收薄酥香脆之效。光是準備功夫就夠煩人，難怪現在只剩下贗品充斥市場。

幾年前，太子始創中心對面有一檔小吃，以牛雜聞名，我卻獨愛其炸大腸，跟小時候的街頭風味沒兩樣。為了吃，往往去旺角，總會先繞道太子，來串炸大腸回味回味。

揚聲來串炸大腸，阿姐便從油鍋中挑一條剛炸好的大腸，置於砧板上，左手拿竹籤，刺著大腸的頂端，看準厚度，右手小刀一切，一壓，一片大腸就串到竹籤上。來回幾下，再掃上甜醬油，炸大腸便好了。

這炸大腸皮酥肉嫩，那種冷凍過的大腸完全無法比擬。咬開，帶點臊味，卻愈嚼愈香。整條大腸中最美味是腸頭，特別酥，特別脆，每每切到近腸頭位置，心底就渴望那塊腸會落入我口中。大腸獨有的羶香，不愛的人視之為臭，愛好者則視之為香。幾下上落，一串就吃光，只剩下縷縷幽香在口中迴盪。

不如，再來一串。

【店家資訊】
※美味食店
地址：太子水渠道30-32號A美星樓地下10號舖
電話：(852) 2142-7468
營業時間：週一至日10：30～21：30

撫慰人心 Comfort Food

也不知注視了電腦屏幕多久，兩個小時？三個小時？手指在鍵盤遊走速度也緩慢下來，該有三個小時吧！桌面堆疊的文件，經過一輪努力，好像也由比「天高」，慢慢變成不過是摩天大廈。

抒口氣，看看手錶，才發覺裁判早吹響鳴笛，法定工作時間早過了；想一想：「禮拜五晚上，一個人沒節目，倒不如清清文件吧。」

藍天計劃又失敗。

再全情「頭」入文件堆中，是真的幾乎把整個頭埋進文件堆。

又抒一口氣，眼前終於豁然開朗。亮起紅燈的緊急電郵通通變暗，小小方桌也尋回應有空間，真想稱讚自己沒白費這幾小時努力，禮拜五的晚上也變得有意義。

「好！要犒賞自己。」我跟自己說。

沒什麼比吃頓美食來得更直接。華燈初掛，這時不想吃什麼法國大餐，也不要鮑參翅肚，只想來些溫心的「Comfort Food」。

Comfort Food一詞，最近幾年有如雨後春筍般四處冒起，人人都說Comfort Food最慰藉人心。坦白說，Comfort Food這東西，空泛又主觀，但又最牽動人心。常說，味道往往不止於味道，回憶更是最豐盛的調味。

大家認為女生愛甜，但甜又豈止於雪糕、朱古力。曾聽過某位女性朋

友說，對幼稚園活動課的冰糖湯圓一直念念不忘；親手把細碎冰糖置於麵粉團，搓成湯圓，咬開流瀉出一攤糖漿，那甜膩，教她第一次嚐到幸福之味。

■■■

每每勞碌過後，這時我最想吃口熱騰騰、香噴噴的「乾炒牛河」。

乾炒牛河也叫Comfort Food？怎麼想怎麼算，不過是茶餐廳菜式，稱之為Comfort，未免太牽強？

一般茶餐廳的乾炒牛河只是贗品，跟玄門正宗又能感動人心的乾炒牛河，可謂天壤之別。

尋正宗，還數「何洪記」與「正斗」。

一門正宗，怎會鬧出雙胞胎？準確一點，本是同根生，何洪記跟正斗該是父與子的關係吧！何洪記是由雲吞麵百年正宗麥煥池的唯一入室弟子何釗洪創立，雲吞麵出名不在話下，因敢做又肯用好材料，乾炒牛河也做到獨步香江。兒子何冠明早接手打理何洪記，同時也為芙蓉麵花開兩朵。正斗，正是他的心血。

今天，不論在何洪記還是正斗，一碟乾炒牛河索價近百，是茶餐廳的兩倍，但依

Comfort Food這詞既抽象又難以捉摸，你喜歡白粥，我喜歡蛋糕。千種萬樣，像水一樣，無形無態。牛河、豬潤麵，是我的心水。你呢？

舊客似雲來，全因材料好，功夫更好。牛肉，全以新鮮黃牛冧肉入饌，即牛臀下方的大腿肉，貪其脂肪少又軟滑。坊間不少茶餐廳為方便，多以鬆肉粉處理劣質牛肉，以圖鬆軟之效，奈何肉味都被犧牲掉，因而索然無味。

牛肉靚又何須妖邪之味？

逆紋切成薄片，簡單醃味後，先過油至半熟，立時撈起備用。河粉打散，下油，先把河粉煸至微焦，直至米香透徹，牛肉回鍋，再下頭抽、老抽調味上色，以大火一氣呵成炒至條條沾滿醬油，上碟！

河粉香噴噴又沾滿醬油，牛肉嫩滑可口，不帶半點化學味，是失傳的味道。再加點「余均益辣醬」，獨特的鹹酸風味，把牛河油香和豐腴，發揮得淋漓盡致。

每每吃這道炒牛河，就想起老媽唯一一次在家炒牛河的經歷。邊炒，老媽就在廚房裡邊罵，那次，我差點以為廚房就要毀於一旦。

「河粉好黏鍋！手慢一點又焦，手大力一點，河粉又碎。」

最後她拋下一句：「以後不會再炒！」

也許就是這點遺憾，讓我不時惦記著何洪記的乾炒牛河。也只好說句，有些錢是要給街外人賺的。

別以為我老媽什麼也做不好，小時候我體弱多病，幾乎三天一小病，五天一大病，後更於某次意外撞傷鼻子，動輒便流鼻血。

老人家就是這樣，我們三個月捐一次血，他們覺得流了血就要補補。「豬膶水」就是老媽在我每次流鼻血後，準時送上的補品。豬膶，即豬肝。廣東人最忌諱，肝，音同乾，銀包皮夾最忌「乾塘」；膶，跟潤同音，濕潤總比乾塘好。

慢慢長大，看過幾次專科醫生，對症下藥醫治鼻膜問題，流鼻血也漸漸根治，同時，老媽的甘甜豬膶湯也離我而去。

想喝豬膶湯，也不一定要生病。維記，往往是我下班後的「二奶」。這「二奶」也不是隨傳隨到，反過來，我還要趕在關店前殺到，才能喝口甘甜鮮美的豬膶湯。

維記，也是個香港奇蹟。全店只賣一味豬膶粉麵，竟能一街坐擁三舖，還不時人龍綿延幾十米。這裡任你餐肉、火腿、牛肉、五香肉丁，亂七八糟配一通，然後搭米粉、通粉、公仔麵，主角，還是那口沒花巧、真材實料的豬膶湯。

我最愛來碗「膶牛麵」。這邊點菜，後台才把新鮮豬膶放到小鍋中灼煮，原汁原味，為讓牛肉鮮嫩可口，臨上桌前才下牛肉。這碗麵賣相不甚了了，煮豬膶時釋放的飄浮物，滿布整碗湯，看來就教人倒胃口。但只要衝破心理障礙，敢說，一口就能傾倒眾生。

才喝下肚，滿口甘甜鮮美。有時真不得不佩服中國人，豬膶，不過下欄食材（注：低價食材），不用什麼花巧調味，也不用熬上半天，已能成就出一碗風行幾十年的美味。吃這碗麵也有個訣竅，一字記之曰快。尤其豬膶最講究生熟度，多一分嫌老，少一分又帶腥。上桌時剛好鮮嫩爽甜，若不先吃，放久一會，便又老又乾，美味不再。

一碟牛河，滿足我在家中吃不到的缺失；一碗膶牛麵，尋回年少時流鼻血後的關懷感覺。還是老掉牙的一句，味道往往不止於味道，還有背後被牽扯出的回憶往事。

如斯的星期五晚上，吃過Comfort Food後打道回府，一個人走在街上，夜，好像特別靜，夢，也好像特別甜。

【店家資訊】

何洪記粥麵專家
地址：銅鑼灣軒尼詩道500號希慎廣場12樓1204-1205號舖
電話：(852) 2577-6060
營業時間：週一至日11：30～23：00

維記咖啡粉麵
地址：深水埗福榮街62號及66號地下及北河街165-167號地下D號
電話：(852) 2387-6515
營業時間：週一至五6：30～20：30，週六、日及公眾假期6：30～19：15

遇上 100%的咖啡

村上春樹寫過一篇短篇〈遇見100%的女孩〉，談宏大，遠不及《1Q84》；談名氣，大多人只認識《挪威的森林》；談寂寞、談孤獨，也不及短篇〈東尼瀧谷〉和〈沉默〉；然而，這篇〈遇見100%的女孩〉卻一直牢牢烙在我腦中。

一眼，男主角就確認迎面而來的女生是100%女孩。100%，不代表完美無暇，不代表美若天仙，反問主角，更笑著稱：「長個什麼樣子都記不起來。但她就是我的100%女孩。」

這莫名其妙特別浪漫。人與人相處往往就是無法解釋，西方說有丘比特向戀人們放箭，而我們也有月老綁紅繩，一切，有如冥冥中注定。遇上100%的女孩，彷如傳說現代版。

吃，有時也是一種莫名其妙的相遇。不說遠的，就說咖啡吧！

坦白一點，我不是咖啡專家，論資歷，我應該只算是幼兒班學生吧。幸運地，我也遇上我的100%咖啡。

誠如100%的女孩，若你問屬於我的100%咖啡是來自什麼產地？用什麼咖啡機沖泡？咖啡豆烘焙度？我通通不知道，也懶得徹查。

於我，咖啡有若一服調劑品。在辦公室衝鋒陷陣八小時，下班獨自跳到咖啡室來杯小小咖啡，呷一口，幽香撲鼻，宛如忘卻剛剛惱人的工作瑣事。在咖啡室慢坐半小時，什麼也不做，什麼也不想，就捧著小杯咖啡孤芳自賞，不談話，不講電話，這一小段獨處時間，只與咖啡作伴，多快慰。

不然，挑個懶洋洋的週末早上，乘著陽光踏進咖啡室，窩於一角，讀讀報紙，呷口咖啡，任陽光灑滿一地，渾然忘記自己身在何處。如果喝杯調劑品還要顧及力度、產

人人愛happy hour，下班後用酒精放鬆自己；我則覺得只有咖啡才能洗掉殘留在身上的工作壓力。不論是小得精巧的 Piccolo Latte，還是連同惱人煩事一同溺斃的 Affogato，18 Grams 總是我的100%咖啡店。

地、水溫、烘焙度，那又豈能忘憂？

下班後最喜歡來杯「Piccolo Latte」。起源於澳洲一帶的Piccolo Latte，因著小杯，因著簡單沒負擔，旋即席捲全世界。但奇怪的是，香港卻只能在少數咖啡店找到它的芳蹤。「18 Grams」是我永遠的第一選擇。

從前只瑟縮於銅鑼灣後巷一隅的18 Grams，從年前開始，多增分店至旺角和尖沙咀。最快慰莫過於像我這種在九龍的上班族，下班不到半小時便殺到店面。比銅鑼灣的「斗室」大上許多，也不像銅鑼灣店找位子有如望天打卦（注：靠天吃飯，全憑運氣），常常客滿而落得望門輕嘆。

別人問我什麼是Piccolo Latte，我總愛跳過什麼以一份Ristretto，加上奶再以小玻璃杯的繁複答案，而是一句：「是Baby Latte。」言簡意駭。小小一杯，捧在掌心，彷如Expresso的小巧，卻又依舊保存了Latte的精緻，小小一朵Latte Art（拉花藝術），看得人心曠神怡。像拆禮物一樣，我每每最期待Barista（咖啡師）為我做了個怎樣的拉花。

先聞一下，奶香融合咖啡香氣，不刺鼻也不過濃，簡單柔和。咖啡滑而甘甜，奶味剛好為咖啡補上甜香，一口下肚，咖啡豆的果甜還在舌上回味。這麼一口，就讓我認定這杯是我的100％的咖啡。

雖說資歷甚淺，但還是因著饞嘴，嚐過坊間不少咖啡。我不懂原理，不懂產地，但就沒一杯讓我心滿意足。有些太酸，有些太苦，有些太刺鼻；有些縱然味道不錯，但敗在太大杯。18 Grams這杯咖啡，樣樣都剛好，平凡卻完全合我心意，讓我想起村上春樹書中主角跟100％女孩迎面的一幕，是種莫名的命運。

休假，沒工作壓力，更適合來點甜品。「Affogato」，到今天還沒在香港流行起來，也只有少數咖啡店才有供應。早於四、五年前，便在臺中吃過這道「溺斃冰淇淋」。一球雪糕傾注至剛泡好的Expresso，一冷一熱，一苦一甜，百味交雜。黑色熔岩不停吞噬奶白雪糕，一點一滴地溶化，連忙送入口，而咖啡香早被雪糕球的甜膩包裹住，剩下絲絲幽香，餘音裊裊。

說來慚愧，到今天香港的咖啡文化跟我的咖啡資歷可說沒兩樣，還停留在幼兒班階段。不論臺灣、韓國，還是北京、上海，咖啡文化早落地生根，更孕育出自家獨有味道。不過，香港會落後於人，難免因為茶餐廳和奶茶文化早植入香港人的血脈。早上一杯奶茶，便宜提神；午後再來一杯，像充電一般。

是幸運還是不幸，只看你如何詮釋。

每每看到在臺灣早過氣的「咖啡弄」落戶香港，人龍綿延幾十里這光景，就覺得我們還真是要急起直追。但想深一層，我們的「翠華」開枝散葉到上海後，那邊不也是同一「慘況」嗎？

這究竟是文化互動，還是世界大同？

【店家資訊】

18 Grams

地址：旺角登打士街56號家樂坊地庫B04號舖

電話：（852）2770-1339

營業時間：週一至日11：30～21：00

地址：銅鑼灣景隆街15號海都大廈地下C舖

電話：（852）2893-8988

營業時間：週一至四8：30～23：00，週五至六8：30～00：00，週日8：30～22：00

獨身漢的浪漫

什麼叫浪漫？

浪漫是男友為你在米其林三星餐廳安排一頓燭光晚餐，還是與心愛的另一半漫步沙灘看日出？我認為，浪漫是一種精神，是一種態度，凡事達至極致，全心全意沉醉其中，心無旁騖，已是一種浪漫。

男人的浪漫，是一個人的浪漫，更是一種自我享受精神。有人會叼著雪茄坐看雲起雲落，也可以呷口咖啡，忘卻半天煩憂。而我，生下來就古里怪氣，陳奕迅的男人五部曲：女人、名車、美酒、照相機和手錶，五中之四我都完全不感興趣。說到關於吃的浪漫，不抽煙，也不懂品味咖啡，我只情迷於一盅排骨飯。

排骨飯，天生是獨身漢的伴。

誇張嗎？但試想一下，盅頭排骨飯從來不是三五女生聚會恩物，如果姐妹淘聚會，一人一盅排骨飯，這畫面想想便覺有趣。脫離校門，「哥兒們」飯局不是火鍋就是大牌檔，大杯酒，大塊肉，才叫過癮。排骨飯，命中注定要人孤芳自賞。

一早，我不時到大埔墟「新明發」，獨個兒吃排骨飯。

大埔是個傳奇地，而新明發更是大埔裡傳奇中的傳奇。不時有朋友遠到大埔，約我一起品嚐地道美食。每每我都叮囑一句：「早點到，不然你自己排隊。」不誇張，大埔大部分餐廳，不論粉麵還是盅頭飯，七點便開店營業。朋友笑說：「大埔人不用上班的嗎？」

新明發更傳奇。二十年前，黃毛小孩如我，骨碌碌地看著新明發門外人龍，一直不明白盅頭飯為何要排隊。二十年後，這人龍絲毫不減，更孕育出三家意圖分一杯羹的同類餐廳，四店同聚一街，何其壯觀，不過，老饕皆知唯有新明發才是發祥地。

看來像家尋常茶餐廳的新明發，門外一重重白濛濛的蒸氣，人龍從不間斷，全為外賣排骨飯。店裡也是全天候製作排骨飯，不到十分鐘，一大蒸籠盛著二十來盅飯出爐。跟不少名店一樣，在新明發，永遠都吃得到新鮮出爐的盅頭飯。

一盅飯，就排骨和飯。人人以為排骨是主角，然而在新明發，墊底的米飯永遠才是亮點。先說器皿，雖叫盅飯，但為方便，為節省成本，坊間早棄瓦盅改以鐵盅為盛器，奈何鐵盅傳熱太快，也易有「倒汗水」，反之，新明發還堅持傳統，以瓦盅蒸飯，瓦盅耐熱又透氣，米飯受熱均勻，吃上來特別香糯。

米也特別挑選過，以中國絲苗、泰國香米和澳洲絲苗，新舊米混合，口感軟硬適中，吸滿油分，粒粒光潔明亮，每次我都慨嘆，這盅飯太小了。排骨雖是配角，卻也恰如其份肥瘦勻稱，選用一字排，肉香濃濃，肉汁瀉滿米飯。

一人在店內呷口茶，猛扒飯，吃飽，精力充沛。或許你會問，盅飯不是點心嗎？不是該細細品嚐嗎？盅飯這種粗食，跟精巧點心風馬牛不相及，實乃起源於低下勞力階層

盅頭飯，生下來註定是孤芳自賞的美食。一早，到新明發填飽肚子，充滿力氣迎接一日辛勞；一晚，又可到明珍以盅頭飯作結，笑看世間百態。

為飽、為滿足而起，之後才被酒樓羅致到點心餐牌之中，到今天，盅飯已不止於早午市。

▪▪▪

入夜，我則愛到土瓜灣「明珍」，跟的士司機大哥一起以盅飯作辛勞句號。

明珍，可謂土瓜灣奇葩。位處斜巷窄路，入夜黑漆漆的，只有它一店燈火通明，門外更不時停滿「山旗」的士。有人說過，想吃平民美食，跟著的士司機便錯不了。一車之主，為美食，從不怕山高路遠。明珍，就以一盅平凡不過的蒸飯，吸引一眾的士司機為它前仆後繼。

也是一個大蒸爐鎮守門面，一揭一拿，從白茫茫霧氣中掏出蒸飯。明珍，完全是「麻甩（注：帶點粗氣）」格局，圓木桌配「七武器」之首——摺凳，沒什麼傳統瓦盅，排骨飯就以鐵盅蒸好。單以米飯，略遜新明發，但這次換成排骨是主角。小小一塊排骨，醃得透徹到底，經過蒸氣洗禮，肉汁醃料一併注入米飯之中。米飯本是平凡之物，立時昇華成妙品，桌上醬油變得多餘，早吃到盅底朝天。

邊吃，邊聽的士司機暢談生活軼事，一人集結一天上百乘客趣聞，左一句某平凡師奶，原來一秒鐘幾百萬上落；右一句公仔紙上的某某女星，沒上妝差點以為是大嬸一名。哈哈哈哈，笑聲此起彼落，連我也被感染，而桌上的盅飯也變得特別有滋味。

別以為一人吃飯就是寂寞孤獨，一早一晚，各有各的精采。一個人，也可以好浪漫。

【店家資訊】

■ 新明發食家
地址：大埔大埔墟廣福里7號地下
電話：(852) 2656-3389
營業時間：週一至日07：30～21：45

■ 明珍美食
地址：土瓜灣落山道1C舖地下
電話：(852) 2713-6679
營業時間：週一至日06：00～23：00

心滿意足

不少國外朋友對香港地道粥品特別推崇備至，甚至趨之若鶩。曾親耳聽朋友說過，來香港下飛機第一件事，就想吃碗燙手又燙口的粥品。

熟知我的朋友都知我最怕燙口又濃稠的食物，別說粥，就連喜宴上人人視之為上菜的魚翅，也一樣敬謝不敏。而且粥總跟生病，結下不解之緣。

病，看醫生吃藥皆不是苦差，最難受反而是口舌沒味，沒了美食，人生彷如沒了生趣。為戒口，更要吃粥，對嘴饞的我而言，比死更難受。

我討厭吃粥的地步幾乎跟它勢不兩立。記得小時候有一次，一家四口到樓下粥粉麵店吃早餐，坐下我才驚覺十一點前沒有粉麵，除了粥就是粥。兩老威迫我隨便點些來吃，最後，我寧可絕食也不讓步。

時光荏苒，跟粥品之間的無名枷鎖，也慢慢地一點一點解開。人大了，偶爾也會想簡簡單單地吃口溫心暖粥，當然，只限於我認為出色卓絕的廣東粥品。

每每生病，不自覺就想起「富記」，可不是我把富記和生病的歹運默默用紅線繫緊，反而是又可以給自己一個理由，吃口富記粥品。在花園街街角屹立幾十年的富記，向來都破落不堪，多坐一秒都覺折磨，能依舊客似雲來，全賴一碗鎮店廣東粥。

細心留意一下店內客群，會發現這裡從沒有合家歡，也絕少雙雙對對的情侶，放眼斗室，大部分都是稱為「麻甩佬」的中年漢。人人低頭吃粥喝湯，與對面的食客碰面而不相識，同桌食飯，各自修行，只為美食而來。

在富記我從來不用考慮吃什麼粥，反正是皮蛋瘦肉粥或是及第粥，都一樣滋味。廣東粥，最講究粥底，富記粥底每天一大早便開始熬製，除了以細火熬至米粒顆顆開花，又綿又滑，為多添一份甘甜鮮美，元貝和腐竹早混到粥底，融合為一。

猶記得第一次來富記，差點被破落格局嚇走，朋友山長水遠帶我來，總要給點面子，充其量吃兩口就好。豈料，才呷了一口，就被粥底的濃郁鮮美震攝。我不住問：「這真是粥嗎？怎麼鮮甜得像高湯一樣？」朋友笑笑就不理我，繼續低頭吃自己的粥。而我，當然二話不說，三扒兩撥就把面前的粥吃光。

近年我在富記則又迷上另一舊時風味。香江花月夜年代，紙醉金迷，燈紅酒綠，抽大煙飲花酒，總要點東西填肚，才有氣力「再下一城」。昔時生活艱難，大排檔也沒什麼好東西，本著廢物利用精神，把賣剩的燒鵝熬粥，湊合上桌，誤打誤撞成就出一碗跨時代美味。

餐牌上的「火鵝粥」，就是上古燒鵝粥，到今天，只剩下富記堅持製作，以饗食客，重現一股香江花月夜風韻。下單時，我總會囑咐一句：「要鵝背。」鵝背薄而入味，背脂不多，粥底既不至油膩膩，卻剛好融合鵝油甘香。雖說昔時是廢物利用，隨

便湊合，但廣東人充滿飲食智慧，綿滑白粥包裹鵝肉，溫熱鵝油，縱不是新鮮出爐，也覺脂香濃濃。拌一下，但見鵝汁混合粥底，比任何調味料更精采，甘香又鮮甜，實在無以尚之。

⋮

廣東粥五花八門，及第粥、豬紅粥、皮蛋瘦肉粥等，款款皆是精巧美味。而其中有一門粥品更自成一家，一店只賣一類粥。說的是清新鮮美的魚粥，談到魚粥，自然想起「新興棧」。

第一次來到「新興棧」，有如劉姥姥進大觀園，看到像庖丁解牛的全魚入饌圖，以及牆上林林總總的魚粥名稱，我真是愣住了。伙記見我雙眼骨碌碌地看著牆上餐牌，就知我不是熟客。她也沒催逼我，更向我介紹不同魚粥滋味。

「愛吃肉就要魚腩粥。」她如數家珍地述說不同魚粥的特點：「魚尾肉最結實，魚頭甘香，想啜骨就要碗魚骨粥。不過我看你應該不懂啜骨，就要碗魚腩粥吧！」

就這樣，半推半就下，我的「第一次」就斷送在這位中年阿姐身上。

等魚腩粥時，我就有樣學樣地走到門邊的木桌，倒點醬油，加一大把蔥，待會用來蘸魚肉吃。「轟」一聲，但見廚房火光紅紅，正於銅鍋以紹酒爆炒魚肉，就知我的魚腩粥快來了。

滿到幾乎溢出的魚腩粥，鋪滿青脆生菜絲，綠意盎然；若嫌不夠，可以再到門邊小木桌無限添加。一碗粥，差不多魚腩比粥還要多，其中鮮甜，可想而知。先挑塊魚腩，魚肉白皙又肥美，肉嫩而皮脆，經過大火爆炒，吃上來不沾半點泥味。我特別喜歡蘸點自製薑蔥醬油，青蔥幽香讓魚肉更具風韻。

轉念又想，這碗粥呀，怎可能不好吃，熬煮時早盡吸魚油，雖粥底較稀，更有點像魚湯，但入口清新又鮮甜，跟富記比，有若一濃一淡，像燕瘦環肥，各有所取。

富記的火鵝粥，是香江花月夜的浮華產品，今天飛入尋常百姓家。新興棧的千百種魚粥，教你大開眼界，不怕你嘴刁，只怕你吃不遍所有品項。粥品，又豈止皮蛋瘦肉、艇仔、牛肉碎等尋常之物。

多去幾次新興棧，不難發現妙品又豈止魚粥一味。來碗魚粥之外，總會多點一份「薑葱爆魚卜」。我們廣東人稱為「魚卜」，實是魚鰾。一尾魚就這麼一個魚卜，看著眼前這碗尋常小吃，卻已集結十尾八尾魚的魚鰾，若不是這裡一天能賣上幾百碗魚粥，消耗一百幾十尾鯇魚，這道絕妙又矜貴的小吃絕不可能出現。

薑葱爆魚卜，先以大量薑葱爆香銅鍋，下魚卜，大火爆炒，最後澆上紹酒，立時火光紅紅，什麼泥味、腥味通通跟隨火光瞬間即逝。廣東小炒最講鑊氣、火候、手法、速度集一身，差這麼一點點，就會影響味道口感。這道魚卜入口煙韌（注：有韌性）又帶點爽脆，火候拿捏得恰到好處，多一分嫌老，少一分不夠香。就算彷彿只是陪襯的薑和葱，也絕不是單純的「跑龍套」角色，更可說是一服藥引，把魚卜腥味、泥味盡去，同時又提升芳香；也是一味襯托，大火爆炒過早辛勁全去，攝人幽香和清新之味實在誘人。一塊魚卜，一口葱，這時，該只欠一杯啤酒。

若說富記是濃豔，而新興棧是清新的話，那麼，純粹兩字最適合形容「金峰」。純粹，全繫於一碗限量又限時的銀杏白粥。

我想，沒任何菜比白粥更配得上「純粹」兩字了。

想於金峰吃碗「銀杏白粥」，先要付出體力，也靠點運氣。先說體力，銀杏白粥只於早上十點前供應，像我這種遠居新界的朋友，幾乎要七、八點便出門，才能趕上尾班車。縱然十點前到達，但銀杏白粥售完即止，我就試過九點在店裡正準備來碗白粥時，聽到身旁阿姐大喊：「白粥沽清。」

這碗白粥最受剛晨運完的公公婆婆歡迎，原因無他，幾塊錢能吃到心機之作，無疑比自家煲更實惠。白皙無瑕的白粥，送上來，米香飄送，濃到化不開，真以為是碗糖水。粥中更浮沉著顆顆熬至軟爛的銀杏，金黃誘人，這粥濃得像糜，甜得像糖水。甜，是久違的米甜味，熬至顆顆開花，不調味，不造作，直接讓食客記得，白粥，就該清如甘露。除了米，也加入大量腐竹，吃不出，只因早熬至全與粥底融合，但聞到那股像豆漿的豆香，嘴角也不自覺微微揚起。

於我，這碗白粥可能是某某假期的天賜恩物；但於店內的公公婆婆，卻是習以為常，每天都要來一碗的「心靈雞湯」。在金峰，不時見到婆婆逕自走進店內，安然坐好，半聲不響，店員便自動送上一碗銀杏白粥，但見婆婆低頭默默吃，誠然，已是最大讚美。

有時還真慶幸香港尚有幾家守得住的粥店，試想，一碗粥賣個十元八塊，若在家煲，別談質素能否媲美，光是爐火錢也不止這數。今天我對粥雖還是又愛又恨，但也許再過十年，多幾分「麻甩」味，富記就成為我的心儀飯堂，每晚來碗粥、喝口湯；又也許再過二、三十年，銀花白髮，我就是那批晨運客，遠道金峰，為一碗銀杏白粥而心滿意足。

【店家資訊】

富記粥品
地址：旺角花園街104-106號
電話：(852) 2385-1230
營業時間：週一至日07：30～23：30

新興棧食家
地址：油麻地寧波街23號
電話：(852) 2783-8539
營業時間：週一至日06：00～01：00

金峰靚靚粥麵
地址：鰂魚涌祐民街2號地下
電話：(852) 2562-6821
營業時間：週一至日07：00～17：30

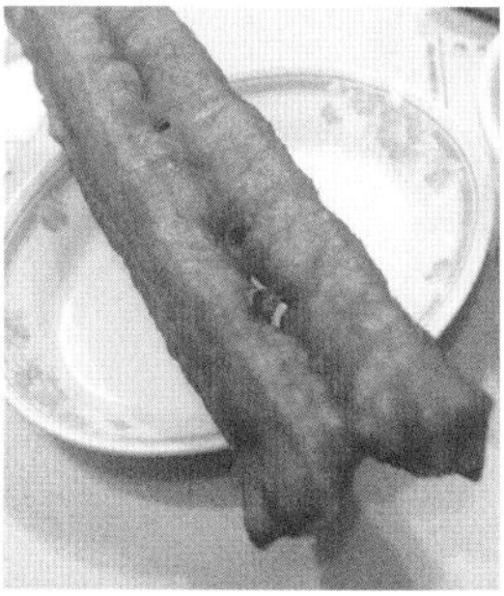

一碗純粹無巧的白粥，於今天事事講賣相精巧的社會，多珍貴。更慶幸香港還能找到這麼一碗大巧不工的白粥，希望到我銀花白髮的一天，還能成為座上客。

我的快樂年代

今天，雖不算在飲食壇闖出什麼名堂，但饞嘴之名早在朋輩間「臭名遠播」。也不知什麼時候開始，大至朋友飯局，小至同事午餐，挑餐館的工作總落到我頭上。有時我不禁說，今天沒點子，你們自己挑吧！

「在你面前選餐廳，豈不是班門弄斧？」同事笑說。然後，差事又回到我頭上。

但又有誰想到，我的青蔥歲月都貢獻給不少人視為Junk Food的「公仔麵」。幾乎可說，我是吃公仔麵吃大的。

內地、臺灣均稱作泡麵，在香港則因六十年代，香港品牌「公仔」首先推出以三分鐘煮好即食麵，旋即攻陷市場，公仔麵，從此不脛而走，也成為香港獨有名稱。不過至今時今日，不論是「大光麵」、「出前一丁」還是「福麵」，都被冠上公仔麵一名。

記得大學上日本文化課時，讀過歷史上公仔麵最初是奢華食品，但時至今天，早成為我們「看門口」食物（注：家中常備食物）。懶出門、颱風下雨、宵夜，全是公仔麵上陣好機會。深夜時，聞到不知哪家飄來的公仔麵香，心癢得立時動身到廚房煮麵。

偶爾聽到別人說，今晚要在家「捱」公仔麵，感覺又酸又冷，彷彿是種折磨。但對我而言，公仔麵卻是小時候甘之如飴的美味。

時光回轉至香港仍是遍地黃金的九十年代初，我們剛從九龍灣徙置區搬到大埔公共屋村，家境雖未至捉襟見肘，但肯定談不上富足。那個年代，為迎合貧苦大眾需求，雜貨檔還能買到公仔麵的贗品——大光麵，就是那種只有麵餅沒有湯粉的低檔次即食麵。一般五個或十個一袋，比名牌「出前一丁」便宜上許多。

老媽往往為了節省一點，每次煮出前一丁給在發育時期的我和我哥吃，都會摻雜一半大光麵。先不說湯，單是麵質，大光麵就跟出前一丁差幾個等級。不過那時，能在每天平淡如水的早午餐中，吃到一次出前一丁，已經讓我樂上幾天。

而公仔麵，好像總跟颱風結下不解之緣。從小到大，特別愛颱風天。颱風無聲無色掩至，總教老媽措手不及，沒法好好準備晚餐，那時，只待老媽說一聲：「買不了菜，今晚吃公仔麵。」我心中立時欣喜若狂。

然後，老媽便從冰箱廚櫃，隨便湊合些食材或加些罐頭，炮製公仔麵大餐。外頭北風呼呼，但捧著一碗香噴噴的公仔麵，滿足到不得了。直到今天，三十而立，我還是特別期待颱風天，或多或少，跟小時候的公仔麵大餐不無關係。

⋮

又過幾年，踏入中學階段，可算是我跟公仔麵的熱戀期。

先說上學，每每午膳，飯堂便有一字排開的膠碗，盛著「福麵」等候飢腸轆轆的學生。膠碗中，湯粉包早下好，付錢後再加熱水，蓋好焗幾分鐘便是一餐。單靠不甚滾的水泡麵，質感硬又不夠入味，絕對談不上美味，幾乎只是為了維生。那時留在學校吃泡麵，不為了省錢，只想省點午飯時間，能跟同學於球場衝殺。

中學其中一年暑假，老媽天天上班，剩下我吃公仔麵度日。兩個月假期，我把超市能買到不同品牌、不同口味的公仔麵，幾乎一一嚐遍。別以為我會愁眉苦臉，反到今天還覺得是段值得回味的時光。

那年暑假，更讓我無意中發現瑰寶。同是福麵出品，竟有冬蔭功口味伊麵。年少無知，又怎知泰菜裡的冬蔭功是什麼味道，也不理公仔麵湯底正不正宗，有沒有香茅和椰奶香，只覺這湯底又香又鮮，集鹹酸香辣於一身，每次吃完都滿頭大汗，非常刺激。

配炸魚片，配午餐肉，轉念來個乾撈，不住找方法賦與這公仔麵更多變化。那年頭，單是這麵，就陪我度過不少盛夏時光。我這個文弱書生，但靠著這冬蔭功麵，跟別人一樣有過一段滿頭大汗的青蔥歲月。

可惜近幾年，已找不到這個福字冬蔭功伊麵的芳蹤，只剩下同廠號的冬蔭功米粉，諷刺地，湯底卻已變成接近泰式冬蔭功，雖正宗，卻陌生不已；想回味，也無能為力。

有人說香港人特別愛吃公仔麵。不諱言，我們早午晚甚至宵夜，隨時皆可來碗公仔麵，而且連發明公仔麵的日本人也沒想過，公仔麵可以用來拌炒。炒公仔麵該是香港獨有菜式，在香港瑰寶茶餐廳中，大可興之所至，隨意來個豬排炒公仔麵，又或是五香肉丁炒公仔麵。炒過的公仔麵，乾爽又夠鑊氣，有別於傳統麵食的煙韌，軟綿帶點彈性，一吃，就覺得是年輕人的美食。

閒來，我也愛自己弄個炒公仔麵。不以港式食材入饌，反過來帶點放洋風。將蒜切片，於溫熱中炸香，記著微黃就要瀝起吸油，不然會過焦。然後準備蒜油，整個蒜頭溫油炸香，只留蒜油待用。煮好公仔麵，燒熱蒜油，下辣椒爆香，把剛煮好的公仔麵置於鑊中大火猛炒，待麵條皆沾滿蒜油，香氣散發後便調味，最後撒把番茜碎（注：歐芹），綠意盎然。別忘了，上桌前，把炸香蒜片搗碎，撒滿麵條。麵條彈牙，吸盡蒜油香，滋味無窮，就算番邦的Aglio Olio（香蒜辣椒義大利麵），也不及我手上的香蒜辣椒公仔麵。

到今天，人大了，眼光開了，美食也嚐多了，但還是無損公仔麵帶給我的感覺。有時候晚下班，只想趕快回家，同事問我打算吃什麼，便笑答：「公仔麵。」想到捧在手心熱呼呼的公仔麵，腳步也不自覺加快點。

味道呀，有時真像董橋老師的書名，還是「舊日紅」，最溫暖。

【PART Ⅱ】

傳承好滋味

懂得與時俱進，
以求生存，
可有些堅持仍擒在手中，
一代又一代，
傳承的豈止好滋味，
更是一份生活態度

廣東麵的價值

我唸經濟學，一直以為市場上價格，某程度反映該貨品在市場上的價值，亦即消費者願意付出多少購買該貨品。

那麼，不知是我們對舶來品趨之若鶩，還是坐過洋船，真的升價十倍。單以麵條立論，簡單一碟義大利麵，甚或隨便一碗日本拉麵，叫價往往比一碗歷史悠久的廣東麵高上幾倍。尤其日本拉麵，近兩年可說紅透半邊天，從三十四元躍升至動輒過百元一碗，也不乏傾慕者。

看看我們的「細蓉（雲吞麵）」，從來都是小吃，從來都是賣精巧，卻被冠上「又貴又不飽肚」的無妄之災。

過百元一碗日本拉麵，稱之為物有所值；三十元一碗雲吞麵卻嗤之以鼻，這是什麼市場價值？

一份滄涼，莫名而起。

要談廣東麵，不能不由一根竹桿子說起。

廣東麵，人稱銀絲細麵，細如髮絲，煙韌而富鴨蛋香方為上品，其中，更以竹昇麵為最傳統製法。麵粉先與水和鴨蛋拌勻，搓成麵皮後，為帶出廣東麵獨有韌度，必須再經過多次搓壓。麵皮放於流理檯，大竹桿扣住流理檯上的一頭，師傅從竹桿一跨而過，身體上下擺動，大竹桿隨節奏一下、一下，來回壓在麵皮上。師傅還要靠作為支撐點的另一隻腳，微微向前後移動，使竹桿均勻壓遍每吋麵皮。要壓多久，要壓多少下，全憑經驗。天氣、濕度、氣候，往往影響麵條成品。銀絲細麵，咬開條條都是心機和血汗。

聽過不少朋友詬病廣東麵，最大問題必定是讓人掃興的臭鹼味。熱騰騰的麵條送到跟前，若伴隨著刺鼻又惱人的鹼水味，真是大煞風景。其實廣東麵下鹼水，全為增加麵條韌度和延長保存期。

不過，好的麵就如我喜愛的「佳記麵家」出品，從不曾帶半點鹼水味。佳記的麵條一直保留傳統技法，以大竹桿壓成，麵條已有足夠韌度，故鹼水下得特別少。再者，佳記每天只做剛好的份量，幾乎不留過夜，新鮮的麵條何來會有惱人鹼水味。

來到佳記，我最愛簡單來碗水餃撈麵。到今天還止，佳記還保留舊日老麵家的模樣，紙皮石牆壁上貼著一道道撚手麵食，裂痕有如花白老翁的皺紋，一條痕，記載著一個故事。

這裡的水餃皮薄得透光，隔著外皮也能看見紅白相間的蝦肉，飽實又挺拔，外形有若元寶，咬開爽甜鮮美，恰如其分地加了木耳絲，更覺爽脆。吃雲吞要嬌小細緻，水餃則講究飽滿厚實。若論麵條，七姊妹道這家小店媲美坊間名店，麵條有韌勁而香氣滿溢，絕對是正宗廣東麵。

廣東麵呀，除了細蓉外，一般我都愛吃撈麵，貪其湯麵分別盛上，誰也不掩蓋誰風采。挾一撮麵，纏綿不斷，煙韌有勁。徐徐散發的鴨蛋香，更是傳統廣東麵的獨特「身分證」。有說，義大利麵是馬可孛羅東來後，歸途時把麵條傳至西方，演變而成。義大利麵有Al dente的最高境界，作為源頭，作為母親，廣東麵又怎能不香韌兼備。

一碗廣東麵，講究麵靚湯好。麵，以竹昇麵為上品，條條細如絲，幼如髮，卻不失咬勁。湯，皆以地魚、蝦殼熬成。雲吞、水餃等，雖是配菜，也十分要求。雲吞要一口啖之，水餃則飽滿餡料充足。要求多多，怎看，也不可能輸給日本拉麵。

每隔幾個月，我就想起最讓我魂牽夢縈的「長發」豉油撈麵。所謂豉油，即以大豆發酵而成的醬油。廣東人視醬油為調味中的靈魂，我們沒北方人眾多調醬；也沒潮州人講究，一菜配一醬；但就單靠一支淡醬油，勾畫出大千世界。

幾十年來一直視耀東街牌檔為老家的長發，到今天為止，還是依循老舊方法，炮製一碗又一碗傳統廣東麵。這邊廂下單，那邊廂師傅便從煙霧中左右開弓，煮麵、瀝水，一氣呵成。長發雖不是自家製麵，但細麵交來後，必定晾放數天，去除臭鹹味。麵煮好，一勺豬油先沉在碗底，蓋上麵餅，最後澆上豉油，撒把青蔥，一碗擅香撲鼻的豉油撈麵便好了。

擅香，全因麵的熱力把碗底豬油蒸發成縷縷香氣，一拌，香到不得了。醬油當然是自家調製，沾滿醬油的麵條，黑漆漆發亮，用力吸一把麵條，又香又甜，豬油獨特又誘人的擅香在口中久久不散。今日，還敢下豬油的店，還敢抗逆健康大潮流的一碗麵，彌足珍貴。

如果談廣東麵不提廣東雲吞麵，可算白談了。廣東雲吞，可謂於中國飲食大幫派裡自成一家，跟北方餛飩和臺灣扁食近乎南轅北轍。廣東雲吞起源自廣州，從前也不過是尋常麵食，直至麥煥池出現，才起了翻天覆地的變化。

麥煥池，香港所有「麥」字輩雲吞麵的源頭，幾十年前發跡於廣州，靠著把傳統雲吞改良，調製成多蝦少肉，爽口鮮美而冠絕廣州。戰後逃難至香港，麥氏一脈的鮮蝦雲吞派別，自此於香港發揚光大。

麥奀、麥兆、麥文、麥穗，甚至何洪記，通通都源於麥氏一脈，要說香港的雲吞麵都是麥氏天下，一點也不為過。能壟斷香港雲吞市場，甚至海外旅客也懂來香港必吃碗「Wonton Noodle」，也全賴麥氏一門到今天還是視雲吞麵為精品，是一門藝術。

一碗雲吞麵，不外乎是麵、湯和雲吞。講究的雲吞麵，必以傳統竹昇麵為佳，麵條細而幼，如絲如髮，一把散到金黃生輝的湯中，有若芙蓉，才被冠上「細蓉」之美名。湯，必以烤香過的地魚（注：扁魚一類）、蝦籽和豬骨熬製成，講求湯清而極致鮮美，啖一口，嚐盡鮮蝦精華。雲吞則要皮薄而滑，長散尾作結，一口大小，一口啖之，以蝦肉為主要材料，混入地魚末和蝦以提鮮，滿足以上種種，才叫雲吞麵上品。

如果香港的雲吞麵是麥氏天下，佐敦的白加士街更是其中縮影。短短一條街，「麥文記」、「麥奀」兩家各自為政，各自招攏有心人。

麥文記由麥煥池的疏堂兄弟麥敬文創辦，到今天已傳至第二代，店中陳設和傳統製作細蓉之法，還是依循老舊傳統。揚聲來碗細蓉，片刻，拳頭大的麵便送到。碗底幾顆圓碌碌的雲吞，在金黃清澈的湯中半浮沉，上頭隔著湯匙頂著銀絲細麵，幾點翠綠韭黃點綴，一看，就知正宗。

麵條柔韌有勁，湯香鮮美，那幾顆半生不熟的韭黃，散發陣陣幽香。雲吞皮薄而蝦肉鮮爽，唯一要挑剔是略大顆了點，差點神髓。

從前走到白加士街，聞到那股濃鮮的地魚蝦籽湯香，便會想起麥文記。直至年前，麥奀雲吞世家也來染指這一塊，才叫食客每每想來碗細蓉，站在兩店前，甚有魚與熊掌之感。

若說比較，麥奀的麵比麥文記更細、更幼，卻能保持咬勁韌度，鴨蛋香芬芳滿溢，更能擔起「芙蓉麵」的美名。一勺尾油更勾出湯底靈魂，喝上來除了鮮，還有一股麻油香。雲吞是完美的一口大小，作為小吃，適合不過。以藍白瓷碗盛上，更多添幾分舊日廣州西關風情。

早陣子，銅鑼灣的「利苑粥麵家」因租金大幅上漲而無奈結業，社交網絡頓時又掀起一陣「反地產霸權」、「支持小店」風氣，每每看到這些，不自覺報以一陣失笑。

看看現在銅鑼灣中心地區，方圓十里內，還剩下多少家廣東麵店？反之，日式拉麵多如恆河沙數，門外人龍更不時綿延五、六家舖位。

我相信市場，相信顧客的腳步，當廣東麵店一家一家結業，當日本拉麵賣至過百元一碗還被冠以「物有所值」，當公開飲食網站依然有人詬病廣東細蓉「又少又貴」，支持廣東麵風氣有若曇花一現，什麼支持小店，不過虛談。

廣東麵這一仗，好難打。

【店家資訊】

長發麵家
地址：深水埗耀東街1號地下
電話：(852) 2777-2400
營業時間：週一至日11：00～04：00

佳記麵家（歇業中）
地址：北角七姊妹道205號地下
電話：(852) 2564-1107
營業時間：週一至五11：00～23：00，週六11：00～16：00（週日公休）

麥文記麵家
地址：佐敦白加士街51號地下
電話：(852) 2736-5561
營業時間：週一至日12：00～00：30

麥奀雲吞麵世家
地址：佐敦白加士街55號地下
電話：(852) 2302-0908
營業時間：週一至日11：00～00：30

真金不怕洪爐火

「斬料！斬料！斬大嚿叉燒！」

幾十年，一闋歌，道盡「燒味」在香港人心目中的神聖地位。

在香港，不論是誰，回憶中都有過這畫面吧！華燈初掛，家家戶戶炊煙正起，家中飯香也正濃，這時，老爸才打電話回來要多帶朋友來「黐餐（吃飯）」，老媽立時轉身大喊：「去斬些叉燒回來。」然後便把十多二十塊錢塞到我手中，要我去街口燒臘檔斬條叉燒回來「加料」。

燒味，是家家戶戶的加菜救星，更是我們廣東的一項絕活。

燒臘起源於廣東，從前只不過是地區風味小吃。傳入香港後，經過幾代人努力，力臻完美，再因著移民潮，一個個老師傅移民他鄉，像唐朝征西，把文化傳入番邦，廣東燒臘才風靡全球。到今天，我們還是叫燒臘，不過真正的燒臘檔早已式微。從前燒臘檔總會於秋冬時節，於攤檔一旁推出合時令的臘味應節。

燒味，可算把燒烤肉類菜式達至極致。放眼全球，不論東西文化，也有烤肉成菜，但箇中學問和技巧，首推廣東燒味。

先談一塊五花腩吧！平凡無奇的一塊五花腩，落到廣東燒味師傅手中，卻能幻化成一塊塊夾精夾肥、香酥肉嫩的燒腩。要吃燒腩，我從來也不怕山高路遠，一定光顧位在上水以燒腩馳名七十年多的「陳六記」。店主陳六，年過九十，早已銀髮花白，也從廚房退了下來，但還是天天到店中坐鎮，無他，陳六記，就是他掌上瑰寶。

「炭燒五層樓」，一個名字就簡單說穿了這塊燒腩的精采。燒腩皮香肉嫩，肥瘦層層相間，以熊熊炭火燒成，幽幽炭火香，讓人難以忘懷。如此美味的燒腩，可是貫注了陳六他一生心血。他雖早退下火線交給徒弟主理，但每塊燒腩還是依古法和配方，製作一絲不苟。當然，陳六也不時回到工場查看燒腩是否製作得宜，是監督也好，是緬懷也好，始終這塊燒腩就像親生小孩，他一輩子也放不下心來。

一塊平平無奇的豬腩，落到燒味師傅手中，經過汆水、醃肉、打孔、又燒又焗，才能成就出一片皮酥肉嫩的燒腩，絕對是心血結晶。

師傅一大早便要回店開始預備，五花腩預早以淮鹽和五香粉塗抹醃好，師傅把一個手掌大的木頭拿在手上，木頭的一邊突出足有兩、三吋長的細針，一下一下在豬皮上打出細孔。這是決定一塊燒腩成敗的環節，皮打得不夠多，打得太淺，就爆不起，燒不成化皮燒腩；太多太深，則油分流瀉一地，皮一爆就散。火候也是學問，燒腩以炭火燒成，豬皮出油便以猛火爆皮，皮爆香了便轉以文火細烤，一步也走不開。

陳六記一天出爐兩次燒腩，時候到，老食客便自然在店面現身。而我，每次都要來一碟淨燒腩才夠過癮。街外賣燒腩，往往都總會摻雜些頭頭尾尾，又瘦又乾，在陳六記，塊塊燒腩都夾精夾肥，豬皮燒得又脆又酥，咔嚓咔嚓，嘴裡生香。縱以猛火燒過，肉質還嫩滑又富肉汁，當然，最銷魂還是細細散發的炭火香，在香港政府打擊下，炭火煮食已買少見少，這股炭香，有若一縷思念，教我們記住什麼才叫古法燒腩。

⋮

若要談燒味，怎能撇下揚名海外的燒鵝。那麼，要吃皮脆肉嫩的燒鵝，該往哪裡找？我也是捨華貴取平民，認為隱身於元朗的「天鴻燒鵝」最能滿足老饕。別小看天鴻，以為它只不過是家落戶元朗的地區小名店，老闆可算是燒鵝專家。為了鵝肉甘香又嫩滑，不計工本以佛山某名鵝場的黑鬃鵝入饌，跟「鏞記」更是同一供貨源。

人人都知香港自禽流感一役後，新鮮鵝早已成為絕唱。天鴻為了保留最接近鮮鵝風味，每隻鵝於佛山屠宰後，立即冰鮮送到香港，全程不到六小時。老闆深知燒鵝一放涼就皮不脆肉不香，所以晚上天鴻賣鵝從來「人等鵝，鵝不等人」。只見門外人龍塞滿店，人人翹首以待從店內自設工場燒好的鵝。出爐，斬件（注：剁塊），送到客人面前，前後不到二十分鐘，熱騰騰的燒鵝，怎能不好吃。

燒鵝先文火迫出鵝油，再以猛火爆燒鵝皮，把皮下脂肪燒成一縷甘香。難怪這裡的鵝皮脆之餘，肉有如絲般細滑。一口燒鵝，集酥脆甘香於一身。

其實燒鵝要做到皮脆肉香，靠的是一勺「皮水」。皮水以醋和麥芽糖混合，醋不單能去除肥膩，更讓外皮燒上來會泛起一抹嫣紅，麥芽糖則中和醋的酸味，並使外皮燒起來更酥脆。調配這皮水更要看天做人，潮濕一點，乾燥一點，都要更改配方，燒味才得以夠香夠脆。技法，口耳相傳，從不為外人道。

談過燒腩，談過燒鵝，剩下當然還有最「入屋（注：受歡迎）」、最得人心的叉燒。叉燒，原本只是指以鐵叉燒烤豬肉，但經過時間洗刷，叉燒已不可同日而語。先別說愈走愈高檔化，以世界各地精巧豚肉入饌，單是要求蜜味濃郁，肉質鬆化，已比最初單純但求香口的叉燒，精雕細琢許多。

在高級食店吃到好叉燒不難，條條叉燒精挑細選，技法得宜，好吃是理所當然。相反，能在無名小店找到甘香鬆化的叉燒，才叫人驚喜萬分。跑馬地的「永祥」，也不算無名，起碼早在老饕中薄有名氣。談店面，永祥真的沒什麼特色，剛好在轉角位置，平凡得如尋常燒臘檔。

吃叉燒，還是來一碟例牌叉燒為佳。一碟叉燒港幣五十五元，價錢跟「再興」不相上下，也是主打街坊市場。點菜時，我早揚聲：「叉燒要半肥瘦！」

但見師傅手起刀落，刀法運轉，霎時一條圓胖胖的叉燒便成為桌上美食。叉燒嫣紅而肥瘦相間，咬在口中蜜味豐足，肉質細滑有如棉花一樣，入口即化。別以為永祥店面疏疏落落，其實早在老饕間口耳相傳，一到傍晚時分，來買燒味「加料」的太太不計其數。我更親眼見過有太太來買一整隻待烤乳豬，回家自己慢烤享用。

一晃眼，幾十年就從眼波上流走。彷彿，幾十年間燒味的地位和角色，從沒在香港退減，反而慢慢由地道風味，演變成一種訪港必吃的美味。唯一變的，應該是物價。從前父母叫我們：「斬十塊錢叉燒回來加料！」今天，十塊錢不知還能買到幾片叉燒？

天鴻燒鵝從不等人是出了名的。未出爐，門外便聚集人龍，只有人等燒鵝，沒有燒鵝等人。皮脆肉香，是必然的事。永祥跟天鴻有點相似，聞名於小區，但老饕總會找上門，為了吃，永遠不怕山高路遠。

【店家資訊】

■ 陳六記飯店
地址：上水巡撫街4號
電話：(852) 2670-0612
營業時間：週一至日11：00～00：00

■ 天鴻燒鵝飯店
地址：元朗建業街88號仁義大廈地下D舖
電話：(852) 2474-8849
營業時間：週一至日11：00～15：00、17：00～22：00

■ 永祥燒臘飯店
地址：跑馬地景光街2號地下
電話：(852) 2573-9082
營業時間：週一至日09：00～22：30

傳統糖水輓歌

有臺灣朋友問過我，怎麼香港人這麼愛吃甜品、喝糖水？我反問，臺灣人沒有這個習慣嗎？

「一般吃蛋糕只在下午，晚飯後頂多來碗挫冰。」她說。

「如果沒糖水，香港人可能會從此一蹶不振。」我笑說：「別說家庭飯局，單是朋友飯聚，酒過三巡，面紅耳酣，沒有什麼比一碗糖水更溫心。」

只要一說到糖水，我就想起老媽對糖水的死命狠批：「賣糖水最賺錢！」

這結案陳詞源起於老爸不時於飯後，提議到外邊吃糖水。老媽總會迅雷不及掩耳咆吼：「在外面吃糖水最不值得，平白一碗糖水十幾塊錢，貴死了。」父親大人還沒反應過來，她便繼續連珠炮發：「買一大包腐竹才幾塊錢，加糖加水，煮一煮，十元八塊，夠煮一大鍋了。」

當然，老爸偶爾也能突破封鎖線，到街外聞聞糖水香。其中一家，更早烙於回憶深處。

跟「綠林」再遇也是一種緣分。某天飯後，在深水埗漫無目的閒逛，忽爾，空氣中瀰漫一股濃甜又溫暖的香氣，腳步不小心就循香而走，才發現原來是家舊式糖水店。左看右看，牆上那帶點發黃的桑寄生蛋茶廣告牌；像牛肉麵店一樣，擱在門邊的煮湯圓大鍋；還有綠白相間的牆壁，種種一切，特別眼熟。

像尋寶般在腦海中一直挖、一直挖，「我小時候有跟兩老來過綠林，母親大人最愛吃麥米粥。」我驚叫出來。

綠林在深水埗屹立超過三十年，一直主打傳統糖水。到今天西式甜品大行其道，就連「滿記」也多開分支主攻西式甜品，然而，綠林依舊像顆頑石對抗洪流，一個個過氣的老舊名字，花生麥米粥、桑寄生蛋茶……，躍躍於餐牌上。

最情迷這裡的時令限定「栗子粒露」。不少朋友聽過芝麻糊、花生糊、合桃露（核桃露），卻從沒聽過栗子粒露？原因無他，只因不單功夫多，又受時節限制，更賺不了多少錢，不如作罷。

綠林只於中秋後才推出栗子粒露，全因秋收後的栗子才夠甘香粉糯，做栗子粒露最適合不過。到了隔年二、三月，冬去春來，也是跟栗子說再見的時候。所謂不時不食，這裡就可見一斑。

平白一碗栗子粒露卻載滿心機，一大早到店內，師傅先把栗子煮熟，再以人手去殼去衣。今時今日，我們打電話幾乎連手指也不用動一下，遑論去殼去衣還是件手工細活。去衣後再打碎下鍋慢煮，這過程又是半步也走不開，水下得多，則不成糊；太少，又過稠過膩。火候也是重要一環，不夠火候，栗子香氣難以結聚，欠缺神韻；稍稍過火，半點焦氣也可以搞砸整鍋成品。

栗子糊煮好後，上桌時再加入一把栗子顆粒，吃起來才又滑又有口感。栗子顆粒，粉糯又香甜。吃一碗，溫心又暖身。時令限定，或許更與寒冬不謀而合。四時交收，就有這種契機。

也別以為母親大人沒試過自己做栗子糊，煮出來成品也算形神俱備。有趣是她邊吃邊喃喃自語：「功夫真的好多，栗子衣又難去，煮糊時少看一眼都不行。下次，還是去綠林吃好了。」

除了栗子糊，有些糖水在家中還是做不來，就像是湯圓，總不能為了吃幾顆湯圓，又來糯米粉，又來粘米粉，最重要的還有餡料。想吃湯圓，腳步自然往「福元」走。

福元瑟縮於橫街小巷，大步一點就錯過。店內也只有寥寥可數的幾個座位。餐牌就貼在牆上，但老饕如我，知道來福元不吃芝麻湯圓，有如入寶山空手回。一碗五粒湯圓有如梅花排放於薑湯之中，湯圓白滑而皮薄得暗暗透出芝麻餡。餡料依循傳統手法，混入豬油增添香氣，店家更是不計成本用上頂級荷蘭豬油。咬開芝麻餡流洩而出，甜而不膩，底蘊還滲出一股豐腴豬油香。談到湯圓，福元絕對冠絕全港。

起題為輓歌，只因二〇一二年，我親眼見一家老牌糖水店給租金扼斃，說的是同樣隱身於橫街小巷的「一品齋」。一入夜，它彷如黑夜明燈般照亮車房（注：車庫）滿布而早打烊的希雲街。全店就三、四方桌，老闆娘像世外高人，不時抱著小說，在案後靜靜讀書。食客坐好，她頭也不抬一下。揚聲來碗腐竹糖水，此時，她才不捨地放下小說，慢慢舀糖水送到跟前。彷彿，她身體力行教食客，傳統糖水就該慢味。

眼前這碗糖水，綿密潤滑，白濛濛一片，全因腐竹早悉數化成絲絲豆香，與糖水融合為一。白果軟糯甘香，薏米綿軟富咬口，三者渾然天成，沒半點可挑剔。

可昔，一品齋早離我們而去。面對如狼似虎的租金，老闆娘決定真退隱，當個名符其實的世外高人，如今，只剩下像我一般無處可歸的食客，遍尋昔日甘甜之味。

唉，怎麼想嚐一口傳統糖水也有如緣木求魚，難道十年後，我們要到歷史博物館翻看煮湯圓鍋模型，甚或從冷冰冰的鐵管聞一口機器模仿的薑湯香氣。

真希望世界如母親所說：「賣糖水最賺錢。」

栗子粒露功夫多，先不說剝殼去衣等細活，光是看火就夠惱人；花十元八塊便可以吃到幾小時的心機，超值中的超值。而今時今日，還敢於湯圓中加入豬油，難能可貴；福元的湯圓，芝麻餡破皮而出，那股擅香，一吃難忘。

【店家資訊】

■ 緣林甜品

地址：深水埗元州街77-79號地下

電話：(852) 2361-4205

營業時間：週一至日15：00～01：30

■ 福元湯圓

地址：北角炮台山福元街7號利都樓地下I-1舖

電話：(852) 3106-0129

營業時間：週一至日14：00～01：00

街角茶香

我總愛把茶餐廳叫作「茶記」，就像老友記一般，親切又順耳。

說茶記的命脈全賴於一杯奶茶，一點也不為過。奶茶，早成為香港地道神級恩物，不單讓旅客趨之若鶩，更是香港所有打工仔的「命根」。

親耳聽過不少同事說，若早上欠一杯奶茶，整天都渾渾噩噩，像生理時鐘的鬧鈴沒響一樣。一杯奶茶下肚，是心理還生理作用也好，頓時「醒」過來。

和毒品一樣，能建立出全港打工仔「上癮」訴求，也得有無孔不入的供應才行。在香港，茶餐廳跟便利店沒分別，總有一家在附近，全天候供應「毒品」給打工仔隨時「充電」。

我是個被詛咒的人，乳糖不耐，不能多喝奶茶；或許這是種幸運，讓我逃過上癮宿命。奶茶，於我是種奢侈，但遇上心儀茶記，聞到一縷街角茶香，對奶茶的枷鎖也隨著茶香冉冉飄到九霄雲外。

喝奶茶，有時是種心癮，有時更看重風味。我特別喜歡在沒遮沒擋的鐵皮大牌檔，坐在路邊呷奶茶。縱時光荏苒，今天走到耀東街，跟二、三十年前沒兩樣，映入眼簾的還是小巷兩旁一串串泛起銅綠的牌檔。

常笑說，耀東街的牌檔都是季節限定。盛夏時節，猛烈陽光一頭倒下來，不單熱，更蒸出街旁溝渠陣陣穢氣，那「芬芳」可不是說笑。反過來，秋風吹來，坐在路旁，邊呷奶茶坐看雲起雲落，乃人生快事。

於耀東街，像「蘇記」這種牌檔，往往比我和你加起來還要老。老牌檔，就有上一代香港人靈活多變性格。從前為快、為多做幾轉生意，什麼火水爐（注：煤油爐）、電爐都及不上保留到今天的自家爐火。看似平凡，實乃上代老闆以電飯煲改裝而成，火力又猛又烈，不消半分鐘便煮好麵。食客這邊廂下單，片刻，美食便送到跟前。

跟蘇記「交往」快近十年，幾乎每次還沒坐好，我便對著遠遠的伙記喊叫：「熱奶茶，豬排麵。」能把平凡冷藏豬排幻代成巧手的食店，寥寥可數。蘇記預先以鐵槌猛打豬排，纖維悉數盡斷，再以醬汁麵醬醃過夜，煎香後肉嫩又入味，丁點吃不出是冷凍低廉貨色。於這種「open kitchen」，我更愛揚聲：「豬排焦一點！」只要你敢說，廚房定能效勞。邊位帶肥，微焦更甘香，因而我常笑說：「這豬排麵獨步香港！」

港式奶茶，追古溯源，可說是英國殖民下的副產品。舉世皆知，上古英國人最重視午後一杯紅茶，加牛奶同喝，乃是傳統英式風味。早年香港低下階層，依樣畫葫蘆，以西方茶葉為基調，泡出深褐發亮紅茶，沒新鮮牛奶，改以罐裝淡奶上陣，左摻右混，看似不倫不類，卻成就出香港獨特美味。幾十年，風靡全亞洲。但凡有華人的地方，都逃不過這杯奶茶的誘惑。

蘇記的奶茶，茶色深褐，沉穩有力，用小湯匙拌一下，有如上等頭抽一般，茶色掛杯。呷一口，奶香茶香有如油燈上的兩根棉絮，互相緊扣，互相纏繞。尾韻悠長，在口中，於舌尖上，久久不散，餘音裊裊。

･･･

當夏天悄然步至，我便於從耀東街沿著福榮街，遊走於像不曾受時光洗禮的深水埗舊社區。這裡沒有名店，也沒有金舖，更沒有像便利店一樣多的藥房，小舖、老街坊於此處，一晃眼就幾十年。

而深水埗還有另一家我喜歡的茶記——新香園（堅記）。到今天，我還搞不清楚為何這茶記會有兩個名字，究竟是新香園，還是堅記，也沒所謂，反正你說吃蛋牛治，喝奶茶，人人都懂這隱身於街市中的小茶記。

靠一份蛋牛治闖出名堂後，白天，新香園人龍從不減少，更不時綿延至鄰近水果店。別被人龍嚇倒，畢竟人人都為蛋牛治而來，一陣子就有位。

全店只有六、七張大木桌，為美食跟別人併桌而坐已是必然的事。跟蘇記一樣，甫坐下我便揚聲：「蛋牛治烘底（注：烘底，將吐司烤過），熱奶茶。」

小小的開放廚房卻容納了兩位師傅，默默低頭迎接一波又一波的「柯打」。像極工廠的生產線，一人負責不論冷熱所有飲料，一人掌控火爐，西多士油多蛋治，還有鎮店之寶蛋牛治，通通出自他手。

說時遲，那時快，熱奶茶和蛋牛治烘底同時送到。看似平平無奇的蛋牛治，實乃是心機之作。尋常茶記多以罐頭鹹牛肉做成蛋牛治，新香園卻不怕成本貴上許多，開業至今，堅持以新鮮牛肉入饌，手切成肉末，醃製調味後，待客人下單，才現點現做，煎成薄薄蛋牛餅，熱騰騰配上香脆無比的麵包，確實是平實無華的美味。難怪人人皆不怕排隊，為這件蛋牛治神魂顛倒。

如狂風掃落葉般吃完蛋牛治，最好呷口奶茶回回氣。茶味茶色茶香，與蘇記皆可謂伯仲之間。茶味豐郁回甘，奶香緊緻不過重，港式奶茶最講究奶與茶的平衡，茶多一分，過苦過甘；奶多一點，滑而不香，茶過舌尖如水過鴨背，尾韻欠奉。

看到門外的人龍，一口喝完半杯奶茶，我也趕緊買單。想避開人潮，想靜靜品嚐美食，無獨有偶，蘇記和新香園皆是二十四小時全天候營業。有時，人人晚上吃大餐，掃甜品，我則反其道而行，來杯Late 奶茶，月光下吃份三明治，心想，但凡是美食，又何須分時候。

有國外朋友說過，香港茶記的服務態度和環境最讓人受不了。跟別人摩肩接踵不止，還要受盡侍應的呼喝，難道真

有趣的是，蘇記和新香園兩店皆二十四小時營業，不論黎明清晨，還是半夜深宵，哪怕奶茶癮一來，便可隨時來杯香滑的港式奶茶。不夠？來份三文治或是豬排麵，當成all day breakfast吧！

的侍著美食就可以橫行？

往往我微笑不語，也許他還未體會茶記的生存之道。像我於蘇記，偶爾聽到食客揚聲：「豬排麵，麵要軟一點。」

話音未落，像極流浪漢的侍應大叔便反言相諷：「軟一點，又怎會好吃。」可轉念便到廚房親口叮囑麵要煮久一點。

也不時於新香園聽到阿姐大聲對廚房喊：「蛋牛治，蛋要嫩一些。另再來一份鮮油多，要慢火煎。」

作為食客的我，也不禁為這種「tailor-made 柯打（特製）」咋舌，反觀廚房卻默默接收，像早習慣一般。

邊喝罵，卻又邊滿足食客古怪要求，彷如母親邊碎唸為何又玩至通宵達旦，然後施施然於廚房拿出剛溫熱好的老火湯。

「口硬心軟」四字，最適合形容被社會壓力交戰和催迫，用冷漠緊包起自己熱心的香港人。一杯奶茶，一碗豬排麵，一份蛋牛治，兇巴巴中卻見心思，這就是茶記的生存之道。

【店家資訊】

■ 蘇記（茶檔）
地址：深水埗耀東街15-16門前大牌檔
電話：(852) 2779-1182
營業時間：週一至日24小時營業

■ 新香園（堅記）
地址：深水埗桂林街38號A地下
電話：(852) 2386-2748
營業時間：週一至日24小時營業

下車上岸車仔麵

我是個古怪的人，腦中總是藏著不少零碎片段，久久不去。

距離中七高考已超過十年，電視劇說：「人生有幾個十年？」。在這十幾年間，一直記著高考時中文口試的一條題目。

高考後不久的同學聚會，言談間聊及各自中文口試的題目，我先說我的題目：「水能載舟，亦能覆舟，試向父母解釋電腦對學習的影響。」明顯地，我的題目真夠「那些年」，還在談電腦對學習的影響，今天，連功課都是網上遞交。

朋輩間眾多題目中，一直念念不忘其中一題：「請選出最具香港特色的食物。」貴為美食天堂，要選一種具特色的食物並不難；但要具香港特色，卻真不易。而朋友的答案更讓我佩服，他漫不經心地說：「我選了車仔麵。」

十幾年，每次回想這片段，我總會默默喁語：「這答案真好。」

到今天，真正的車仔麵早絕跡香港。幾十年前，人說香港遍地黃金，只因遍地都是機會，只要肯做肯捱，人人都有出頭天的機會。不少新移民來港後，沒特別專長，隨便砌架木頭車，一個瓦斯爐，幾個小鐵鍋，魚蛋、牛腩、粉麵在街角叫賣，車仔麵一詞也隨之而生。

昔日吃車仔麵，在小販檔前點選粉麵再點食材，眼看檔主一手下麵，一手執料，三兩下手腳，熱騰騰香噴噴的車仔麵就送到跟前。捧著麵，就站在旁邊街口開動，比日本屋台更有風味。車仔麵，最不拘小節，不像雲吞麵，講散尾、講湯底，連幾顆韮黃也講究到底；車仔麵，壓根兒是一種二次創作。檔主把所有食材煮好，再由食客決定如何配搭，各自表章，卻和而不同。你愛魚蛋配生菜，清新鮮美；我則來碗咖喱魷魚加牛腩，濃豔芬芳。

自由、多變、講效率，各不相干又各自精采，活像香港人性格縮影。

可惜到今天，吃車仔麵變得「名不正，言不順」，只怪「車仔」早被時代巨輪碾碎。能留存下來的車仔麵檔通通入店。麵檔進店後，不再一腳踢（注：獨自承攬），不再孑然一身，店租伙記，燈油火蠟，全是成本，車仔麵也從此升價十倍。

若說貴，「新記」可謂全港最貴車仔麵，於我，更覺得是全港最精采。

不知是不是好東西都易鬧雙胞，就銅鑼灣彈丸之地，已有兩家新記車仔麵，而我一直覺得登龍街那家，稍勝一籌。

新記車仔麵，從第一次吃，我就覺得好貴，是貴到肉痛，但我還是心甘情願地吃了近十年，說上癮也不過分。車仔麵入了店，但還是破落不堪。講求「快、靚、正」的車仔麵，落單、上菜到吃飽，可能也不超過三十分鐘，但尖峰時段，新記門外隨時二、三十人在排隊。

車仔麵食材向來都讓人眼花撩亂，從最基本的魚蛋、魷魚，到別出心裁的辣豬紅

（注：豬血）和辣豬皮，一應俱全，我說過，車仔麵猶如一件藝術品，人人都有自己心水，在自己的筆法下，都有屬於自己的獨特味道，旁人無法領會。捧著自己的藝術品，別有一番滋味。

我在新記，來來去去都是那幾款，無他，我只點新記獨門款式。

務必先點辣豬紅。豬紅，幾乎每家車仔麵店都有，也是車仔麵食材的「中堅份子」。新記靠獨門辣汁熬製出辣豬紅。一般吃豬紅，只求滑，也但求不帶腥；可是新記的豬紅不單鮮香，更有如顆顆果凍一般，咬開，辣滷汁傾瀉而出，一下子回饋到舌頭，刺激過癮。

辣豬紅好吃，辣豬皮同樣精采。豬皮本是無味之物，全賴醬汁調配得宜，立時平白升價十倍。新記辣豬皮以祕製辣汁煨煮過，又香又辣，帶點咖喱香，讓人吃不停。一般我都是雙辣齊下，一口豬紅，一口豬皮，辣得滿頭大汗才覺過癮。

今天，車仔麵的「車仔」早被時代巨輪輾碎，但平實美味又多變的車仔麵，確確實實滿足了愛新鮮的香港人，同時記下歷史進程的一頁。

豬紅、豬皮之後，再來另一名物，豬大腸。提筆時我才發覺原來又是豬。跟豬紅一樣，大腸也是尋常之物，家家車仔麵都有賣，但新記的大腸先以滷水燜煮適時，整條黑漆漆，每寸大腸早已被滷水浸漬透徹，切開還帶點肥油，甘香肥美，滷水香絲絲入扣，超出車仔麵街頭水準。

說到底，新記車仔麵靈魂在於那勺讓湯底立時昇華的辣醬，差不多人人也為辣醬而來。點菜時，記得在角落勾選「辣汁」，像我一樣吃不了辣，加個「小」字吧，湊合成小辣汁。有些朋友反而覺得不夠，麵上來後，再走到廚房「索求」再多來一點。這辣醬只需一丁點，畫龍點睛般，湯底立時又辣又刺激，辣中又富濃濃滷汁香，滿有臺式麻辣鍋風采，每每被麻辣鍋癮弄得心癢難當，就忍不住到新記，掏出白花花銀子解饞。一碗香濃刺激的車仔麵，吃到滿頭大汗又辣又痛快，什麼火鍋癮都止住了。

常笑說，來到新記吃車仔麵不加辣汁，不如不來。帶過幾個朋友去新記，邊吃邊讚，不住說又辣又過癮，坊間難尋；但到買單時，一聽價錢，目瞪口呆。有趣的是，往往不久，便聽到他跟我分享：「早兩天我又去了新記，真貴，但又忍不住想吃。」

新記魅力就是如此。

我要豬紅、豬皮，你要魚蛋、八爪魚；我嗜辣如命，你說清湯才是王道；今天我吃公仔麵，明天換換口味要粉絲；千變萬化，和而不同。

香港精神，就是如此。

【店家資訊】

■ 新記車仔麵

地址：銅鑼灣登龍街49號地下B舖

電話：（852）2573-5438

營業時間：週一至日12：00～23：30

牛丸頌

粵菜中我最敬佩潮州菜的雅俗共賞，就算是街坊打冷（注：光顧潮州小館子或大牌檔均稱為打冷），認真做起來，也絕不含混。先不說滷水檔命脈，集幾代人心血的陳年滷水，只說一菜配一醬傳統，已夠獨特。滷水鵝當配蒜蓉辣椒白醋，提香又減膩；普寧豆腐必佐韭菜鹽水同吃，鹹鮮清香；來道魚飯吧，但若沒普寧豆醬，寧可不吃。

潮州人做丸也特別出色，小小一顆白皙魚蛋，往往押上一個名號，功夫多到嚇人，起肉、打魚漿、製魚蛋，無一不講求幾十年經驗。如果魚蛋是集心機巧手之大成，那麼，說牛丸是千錘百鍊的結晶，一點也不為過。

還記得周星馳電影《食神》中的雙刀火雞姐嗎？兩支熟鐵棍，往牛肉猛打，「答答答答」，低沉有力的敲擊聲響遍，良久，肉塊成為肉漿，再以人手「唧（注：擠）」成牛丸，再立即放到水中定形。電影雖搞笑，但為製一顆牛丸所花的心機和時間，差不了多少。

從小到大都有個壞習慣，對免治（注：絞肉）和肉丸類食物皆敬謝不敏，直覺無法了解摻雜了什麼食材，吃起來就怪怪異異，心裡不安。最有趣的是，小時候連蝦餃和燒賣，我都只吃皮不吃餡，真苦了我兩老。

大了，懂多了，當然不會還只吃餃皮，但真正認識牛丸之美，是從遇上「德發」和「成記」開始。

德發，在橋底存活了差不多七十個年頭，人稱「天橋底下的牛丸」。要找到德發，說易不易，說難不難，重點在於誰會想到幾十年老號，竟瑟縮於海防道街市之中。走進街市，弓身穿過幽暗窄巷，側身避開豬牛肉檯，眼前忽然開朗，四、五牌檔林立，德發，便隱身其中。

打牛丸打了幾十年，老闆曾謙稱：「現今牛丸都不好吃了。」只因牛種有變，現在全以內地黃牛肉打造，臊味略濃。不過，德發還是跟七十年前起家一樣，只以新鮮優質牛肉作材料，部位精挑細選，天天新鮮打製，不可能不好吃。為彌補牛肉臊味，德發更於牛肉漿中加入自家曬製果皮，清香無比。

一顆牛丸，由牛肉打成肉漿，製成肉丸，再定形保存，隨便就花上大半天功夫。來到德發，坐低我就揚聲：「淨牛丸。」在德發，不吃牛丸就白來。跟魚蛋不一樣，牛丸講究圓渾有力，像德發，雖不像電影般可充當乒乓球，但確實鮮爽彈牙。咬開肉香濃濃，久久不散。牛丸中滲出絲絲陳皮香，向來，陳皮和牛肉就是天生好友，合拍無比。

我不是從小便光顧德發，也沒有幾十年的情懷，但每每嚐到德發鮮爽兼備的牛丸，不禁佩服潮州人的技藝，平凡的一塊牛肉，可幻化成顆顆肉丸，更成為電影題材，現在又有誰不認識「瀨尿牛丸」。

說到佩服，還有新蒲崗成記。佩服源於自成一家，成記牛丸跟德發，可謂各自表章，又各擅勝場。

德發活了七十個年頭，成記也在新蒲崗扎根四十幾年。眨眼，就兩代人了。現今兒子打理店舖，繼續依循傳統方法打製牛丸。每天以上等新鮮牛肉打肉漿，更混入薄薄一層牛筋，使牛丸吃上來特別鬆化，「不是又粗又硬的牛孖筋，是新鮮肉塊中間的筋鍵」老闆解釋。調味自然是獨家祕方，不過，一吃就知成記的牛丸混入冬菜，那股鹹香讓人難忘。

成記牛丸，味道自成一家。肉質鬆而爽，不像德發走彈牙一路，但一樣咬開肉香滿溢。冬菜鹹香更有若點睛般，吃成記，就愛這種味道。

我問過一位牛丸迷朋友：「眾多丸類中，怎麼你特別情迷牛丸？」

牛丸，天生跟別的丸子不同。單純以牛肉打成，吃一股純粹牛肉香。德發牛丸彈牙夾雜果皮香，成記則鬆軟別樹一格，各有各的捧場者。兩者唯一相同，皆盡顯粗豪中見細膩的潮州人美德。

「牛丸單純以牛肉打成，不像魚蛋以多種魚肉混製，又不像貢丸、墨魚丸等，總加入其他食材來提鮮。牛丸，就一顆牛肉丸子，單純美好。」她侃侃而談，更說：「成記的牛丸，不像一般尋常彈牙肉丸。」沉思片刻，續說：「好吃，但真不是一般牛丸。」

成記牛丸，精采又破格。

不時在成記吃牛丸，總會碰見該區老街坊。有些一聲不響坐低，牛丸便自然送上桌，也見過些送貨工人，一手交貨給成記，另一手便接過店家「醒目」遞來的淨牛丸外賣。溫情，洋溢於不言中。

人人稱潮州男人為「潮州怒漢」，聲大夾惡，卻又能做出如此細緻的潮州牛丸，真箇有「我很醜，但我很溫柔」的韻味。

【店家資訊】

■ 成記牛什粉麵
地址：新蒲崗錦榮街4A號地下
電話：(852) 2322-4947
營業時間：週一至日10：00～00：30

■ 德發牛丸
地址：尖沙咀海防道390號熟食檔
電話：(852) 2376-1179
營業時間：約至午後三點（逢週三公休）

富豪夢

香港的夏天真愈來愈不適合人居住，像今年，才剛踏入五月，高溫熾熱，又濕又悶，在街上走，有如背上幾十噸行李。幾步，便汗流浹背。從前常笑說：「究竟承德是個怎樣地方？我定要出走避暑一趟。」不然，再咒罵：「要移民！移民到一個沒夏天的城市。」

有時候回想，從前的夏天好像沒現在這般悶熱。

踏入中學階段，無意間跟游泳結下不解緣。小時候我怕水怕得要命，洗頭髮都想穿潛水套裝，帶潛鏡氧氣筒。中學時硬著頭皮上游泳課，第一課學閉氣潛水，驚覺水底是如此寧靜，由那一刻，便愛上游泳。

中一暑假，差不多隔天便到泳池游泳。幾乎是指定動作，游泳後總會跟同學在街上流連一下，說說無聊話。這時，最驚喜莫過忽爾空氣傳來像鋼琴的音樂盒旋律。這旋律既遠又近，穿透空氣，聽著便覺得幸福。沒法子，貪吃的我，聽到這旋律便知雪糕車在附近。

其實早於二〇〇〇年，「富豪雪糕車」便易命為「雪糕車」，英文也由「Mister Softee」改成「Mobile Softee」。但在我們這代人心目中，雪糕車還是叫富豪雪糕車，跟「小叮噹」一樣，我們從來不承認「多啦A夢」這怪聲怪氣的名字。也許，大家都拒絕長大。

富豪雪糕車早於七十年代引入香港，穿梭大街小巷販賣雪糕。藍頂紅白車身，悠揚播放小約翰．施特勞斯（Johann Baptist Strauss）名曲《藍色多瑙河》，車身兩側開個大窗，司機同時充當老闆，手往雪糕機上一拉，雪糕筒一接，手腕一轉，像奶油般白滑的扭紋雪糕便遞到跟前。

幾十年間，富豪默然走過大大小小戰役。眼看捧著雪糕的笑靨，誰又不想染指流動雪糕市場。便利店和麥當勞均曾火力全開，以近半價錢搶攻市場，更意圖利用自身數百個銷售點攻城掠地。富豪雪糕車，自一九七八年政府停止發出流動小販牌照起，便一直只能維持十四輛雪糕車的規模。不諱言，我偶爾也會買麥當勞新地筒（注：蛋捲冰淇淋）解饞，全因方便。哪時哪刻想吃，花個幾毫便過足口癮，然而，那不過是「美沙酮」，完全無法取代富豪神聖地位。

麥當勞今天主打麥旋風，便利店也停賣流動雪糕。後浪推前浪，「3.6牛乳」、「Godiva」等拈手流動雪糕市場，更把流動雪糕推上奢華階級，花超過一頓午餐的錢吃一支雪糕，於我，再怎麼好吃，也覺得把吃雪糕這回事本末倒置了。

從六、七元到現在九元，我還是覺得富豪雪糕物超所值。品嚐富豪雪糕更絕對不能等，才接到手上便要大口吸啜，只因奶脂特濃特香，每日新鮮製造，質感幼滑如絲，慢幾秒，便溶到手上。邊吃邊啜，吃得狼狽，也吃得快慰。

美味，也許總是不期而遇。

小時候體弱多病，真的看醫生多過吃飯，雪糕壓根兒是禁忌之物，但若在街上給我

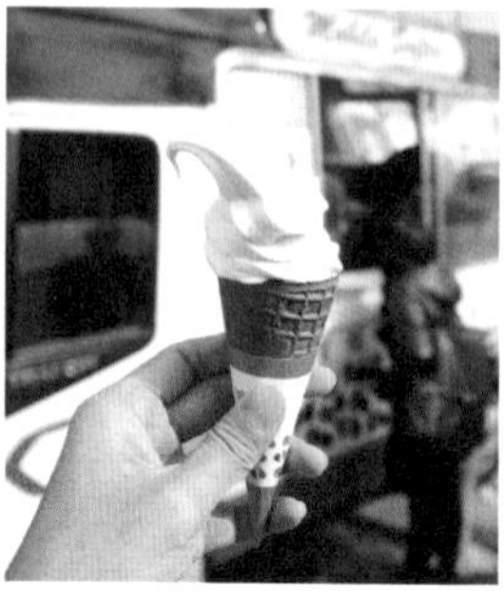

遇上雪糕車，母親大人總會網開一面買支雪糕給我。印象中，每次我都吃得滿身雪糕，還會笑著辯駁：「只怪雪糕太易溶。」

一支白皙無瑕的軟雪糕，溶化出香港人段段往事。是兒時恩物，是學生最愛，也是成人回憶鑰匙。於中文大學火車站外，不時有一雪糕車停留，聽過有教授致電老闆，請他開車到山上校園區，請全體學生吃軟雪糕作為獎勵。

叮叮叮叮……叮……叮叮……，《藍色多瑙河》樂音響遍中文大學高低起伏的山巒，為山城書卷香多添一份甜膩。

與其說富豪雪糕車神出鬼沒，倒不如說與它總是不期而遇。忽爾街角流轉來一陣《藍色多瑙河》音樂旋律，便知道一杯又香又滑的雪糕在等待我。

牛雜情

蔡瀾曾說過，臺灣人是最懂吃內臟的民族。不論豬牛羊或雞鴨鵝，在他們眼裡，渾身上下都是寶。在春水堂喝珍珠奶茶，順道來客豬血糕；逛夜市，又怎能錯過七里香甘香之味；說回麻辣鍋，大腸牛肚，還有靈魂鴨血。幾乎，他們早不當內臟是一回事。

香港新一代，真莫名其妙。聽過不少女生嬌嗔說：「內臟好可怕，我才不吃。」然後補上一句：「但我吃鵝肝。」

我不禁報以訕笑。

舊日廣東以內臟入饌的名菜快成為絕唱，像金錢雞、鴨腳包，今只能在懷舊小店才尋獲芳蹤。說能在香港落地生根的內臟美食，該只有牛雜一味。不單於潮式粉麵店能來碗牛雜粉麵，在香港小吃中，牛雜也是其中重要一員。

有趣的是，街頭小吃牛雜，只有「十三座」能打出名堂。十三座牛雜早發跡於七十年代，對，又是那個香港遍地黃金的Good Old Days。當時，連十三座這名字都還未有，只在食客間口耳相傳，柴灣邨第十三座對開，有一

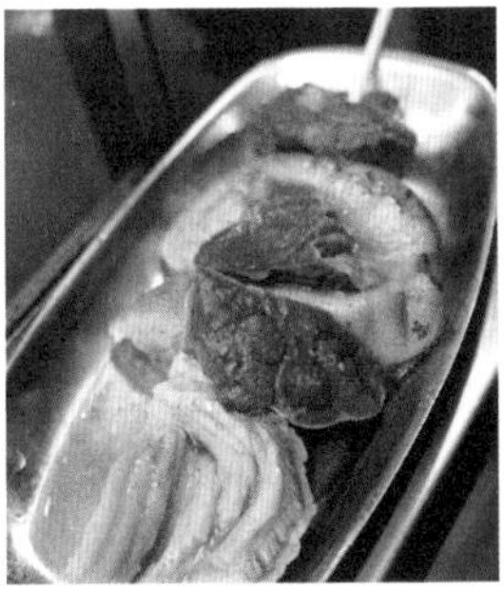

十三座牛雜暫離香港，落戶臺北，我認為算是為香港小吃爭一口氣，更摑了不重視保育的香港政府一巴掌。傳統美食，熬不過租金魔掌，要客走異鄉，反而創造出一片天。不貽笑大方嗎？

檔讓人一吃難忘的牛雜。牛雜鮮爽又不失獨有羶香，滷水沉穩有力，沒妖邪古怪之味，牛雜更款式齊全，不似坊間隨便幾塊牛肚、牛腸，便自詡成牛雜。

可惜，隨著柴灣邨清拆，十三座也同時煙消雲散，食客也只能慨嘆繁華蒸發掉平民老味道。幸好，二〇〇四年，十三座重現。物換星移，地點從柴灣換成北角，老闆也由老伯換成中年漢，而這次，更正式打著「十三座牛雜」旗號。

中年漢，其實是十三座第二代傳人，即昔日老闆的兒子。自舊老闆仙遊後便決定讓牛雜重出江湖。

不做而已，一做才知困難重重。

做牛雜，先說貨源。為重現昔日十三座完整風貌，不辱父親名聲，必以新鮮牛雜入饌。牛雜新鮮，吃來才具獨有鮮香。可全港每天只進口二、三十頭活牛，牛雜，也只有二、三十副，不是說你想要就有。新鮮牛雜有別於雪藏牛雜早已經化學藥劑處理，清洗處理特別費工夫。為保持牛雜天然鮮香，堅持用最原始的方法，只以粗鹽和清水清洗。油穢、血筋通通都靠人手一點一絲洗掉，十元八塊一串牛雜，背後功夫細活多得嚇人。

處理好牛雜，滷水又是個惱人問題。坊間一般牛雜為胡混過關，隨便以柱侯醬燜牛雜，味不夠加味精，色不好看加色素，好端端牛雜莫名其妙染得通紅。十三座則以舊老闆祕傳方法，使用超過十種香料來準備自家燜醬，再以火燜製兩小時，燜好才從大坑工場送到北角店舖。

別以為牛雜就雜碎一串，湊合而成。在十三座，不論部位，串法和次序都有劃一規定。一串六塊，依次序為毛肚、牛肺、竹腸、金錢肚、大腸和牛膀。毛肚、金錢肚均為牛胃的其中兩格，但各擅勝場。毛肚滷煮後軟滑可口，噹來滿滿滷水香，回甘又回味；金錢肚不單賣相精巧，吃在嘴裡，爽中帶軟，難怪是牛雜中最受歡迎的一款。竹腸是牛小腸的前段，不單爽滑兼備，更是新鮮貨獨有部分。牛肺跟牛膀，一軟一硬，兩者皆是心機之作，單是清洗去穢就花上幾小時。大腸，永遠是我的最愛，最扣人心弦。薄薄一層腸衣，中間充滿大腸肥油，既惱人，又讓人垂涎。一口啖之，油香肆意流瀉，肥油甘香和大腸獨有羶香融合為一，愈嚼愈香。

而我，更愛在檔前揚聲：「一串腸肺！」單純享受牛肺軟滑甘香和牛腸的豐腴之味，每次我都暗許：「香港牛雜，十三座，無出其右。」

翻查資料，十三座上一代老闆撒手塵寰前，特別叮囑子女：「千萬別沾手牛雜這一行，辛苦、污穢，工時長又賺不了錢。」

我由衷慶幸其中兩兄弟力排眾議，決意延續這門傳統手藝，承傳這份情懷，讓今天的我們明白，牛雜不再是廉價貨色，不再只是街頭小吃。一串牛雜，集兩代人的心血，更是父子情懷的一份見證。

十三座，吃出牛雜一份情。

【店家資訊】

■ 十三座牛雜

備注：香港已結束營業，店面遷至士林夜市。

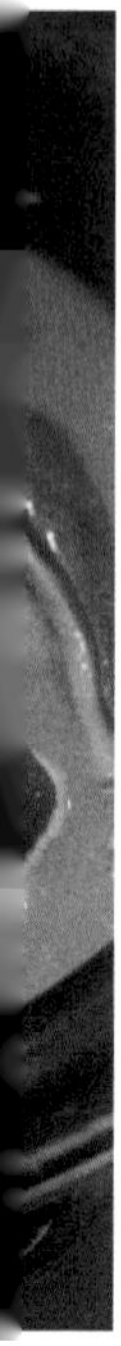

失傳羊腩煲

我不愛夏天，更怕熱；準確一點，我非常喜歡冷天。一襲寒風吹來，清爽舒坦，而且我是個怪人，特別愛圍巾，左披右疊，天天換花款，人也高興起來。

除了乾爽，除了可變換衣物，冷天，時令美食特別多。雖說火鍋早變成「四季火鍋」，但還是寒風下圍爐夜話特別溫心。這冷風一吹，更順道把羊腩煲一起吹回來。

每年冬天，除了留意哪時真正轉冷，圍巾終可派上用場，我最留意坊間大小食店什麼時候貼出「羊腩煲上市」的告示。香港時令菜不多，大部分菜式全年全天候供應，就羊腩煲這一味獨獨只待冷風吹來才應運而生。

談起香港羊腩煲，不免跟臺式羊肉爐比較。兩者相像卻不盡然。同於街角，三五朋友，圍著冉冉上升的白煙，邊飲邊吃羊肉，風味確是一絕。然而，香港羊腩煲講究汁醬濃得化不開，吃到尾還要加生菜盡吸精華，而臺式羊肉爐則走清新鮮美路線，一口湯一口羊，遍體生暖。

在香港，羊腩煲可算遍地開花。不論高級食肆，還是街坊茶餐廳，甫入冬，通通走馬上任，推出時令羊腩煲。但我還是試過幾次，還不到晚上九點，走遍幾家門口幾家食肆，羊腩煲全線沽清，足見香港人早把羊腩煲視作秋冬必吃恩物。

羊腩煲原是香港地道、家家戶戶也懂作懂吃的家常美食，難得新同樂粗菜細做，以最上等羊腩，配上傳統手藝，就連蘸醬腐乳也一絲不苟，只為重現上古好滋味。

雖說遍地開花，但不少食店做羊腩煲總愛濫竽充數，為節省成本，加入羊脊骨，甚至紐西蘭急凍羊腩一同熬煮，尋遍坊間，只有「新同樂敬叔羊腩煲」最名符其實。敬叔，七十年代紅遍食壇，生前為永吉街鏞記大廚，而後自立門戶，開立「敬賓酒家」，中菜出色，特別一味羊腩煲更傲視同群，名氣在饕客間不脛而走。可惜自敬叔離世後，這味羊腩煲便在食壇隨之消失。

直至本地殿堂食家唯靈，把這道羊腩煲作法祕傳給新同樂，才重現人間。

羊腩煲，要做到名符其實，必只以羊腩入饌。看賣相，便知新同樂這味羊腩煲只挑連皮帶肉的羊腩。有留意嗎？北方人吃羊從沒連皮帶肉，不是羊皮不好吃，反是羊皮太矜貴，能做衣服又賣錢，只有廣東嶺南富庶地區，才吃得如此奢侈。

羊腩整塊於瓦煲扣數小時，汁醬是新同樂以磨豉醬、柱侯醬，以及一眾香料自家祕製。扣好，切塊以砂鍋上桌。單是準備和炮製，花心機又費功夫，難怪這味羊腩煲從來不在餐牌之上，只饗熟客，更要提早數天預訂。當然，有心從不怕麻煩。

羊腩煲熱騰騰送到桌邊，甫開蓋，已滿室羶香。唯靈老師說過：「吃羊不羶，不如不吃。」我也認同不過。不羶的羊肉，沒靈魂沒生氣，味同嚼蠟。當然，如何把羶香拿捏得精準又不過火，是功夫。這煲羊腩，塊塊連皮帶肉，夾精夾肥，吃在口中，軟滑又帶點嚼勁。皮下羊脂，散發獨特又誘人的羶香。吃羊肉呀，就情迷這種羶在骨子裡。

在街坊茶記吃羊腩煲，一般隨煲附送青菜一碟，佐以盡吸羊腩汁醬精華。同是青菜，新同樂也吃得特別講究。為避免青菜與羊腩同煮時沖淡味道，預先舀起些許醬汁，待食客盡啖羊腩之時，再以另一砂鍋細煮青菜，分別盛上。這等心思，這等安排，真只有新同樂能做到。

跟朋友談起新同樂的羊腩煲，他們不免說：「羊腩煲不該是街頭風味嗎？大杯酒大塊肉，互相搶吃，才叫過癮。」不諱言，羊腩煲早殖入香港寒冬飲食習慣，比火鍋、比蛇羹，更具代表性。羊腩煲上市，等同冬天俏然而至。我更說：「沒吃羊腩煲的冬天，白過了。」偶爾，我便興之所至，到街角跟三五知己埋首羊羶溫柔香之中。

不過怎也好，自從跟新同樂的羊腩煲遇上，我便跟自己立誓，每年都要跟它聚頭一次，是回味還是緬懷，絕活，不該讓它成為絕響。

【店家資訊】

※新同樂魚翅酒家

地址：尖沙咀彌敦道132號美麗華商場4樓D號舖
電話：(852) 2152-1417
營業時間：週一至日11：30～15：00、18：00～23：00

地址：中環士丹利街13號地舖
電話：(852) 2807-2290
營業時間：週一至日11：30～15：30、18：00～22：00
（羊腩煲只於冬季供應，需預訂）

叫蝦不是蝦

因著華洋共處這回事，香港人特別幸福。不用說吃，就說放假已讓兩岸三地朋友羨慕。

香港人既有農曆新年假，也有聖誕復活節假。休假時，不時收到臺灣朋友的「質問」：「怎麼你又放假？香港人好幸福。」

不過也許因著華洋共處，文化傳承迥異。同是過年，我們仨，風俗可謂大不同。單談「利是」，就夠有趣；利是，即內地和臺灣稱的紅包。於廣東話，利是和「利事」同音，取其寓意。於香港，只要結了婚，就被冠上派利是的資格；不論老少，但凡未婚，也有收利是的權利。香港利是，一般只求個意思，港幣十到五十元不等，取其把「利事」分享出去。

反觀內地，不知什麼時候染上奢華風，聽過包上人民幣一百幾十，會被說長道短，「內涵」早遠比寓意重要。而臺灣風俗更特別，只要開始於社會工作，不論是否已婚，一律須向在學的後輩發「紅包」。

兩岸三地新年最相像的，該是大家都為吃而瘋狂。讓我最興奮莫過於能品嚐到新年應節小吃。先別說一眾糖果，像糖蓮子、糖椰絲、糖冬瓜等，還有果仁、瓜子、朱古力，單是五花八門的油器（注：油炸物）就讓我口水直流。而其中一味「芋蝦」，最耐人尋味。

芋蝦，叫蝦卻沒有蝦。更神出鬼沒，往往不到過年便一早售罄，只因到今天還肯做芋蝦的店子著實不多。無他，一來費功夫，二來賣得便宜又虧本，賣得貴又怕賣不去。偶爾過年前於大埔某些小麵包店，也會發現芋蝦芳蹤，但這種易油易壞的食品，還是光顧大品牌比較安心。

中國人的飲食文化，往往與四時節氣密不可分。秋收冬來，剛好是飽滿甘香的芋頭收成時節，為想辦法處理一屋芋頭，便創製了芋蝦這種小吃。芋頭切得又細又薄，下鹽和五香粉調味，以拇指、食指和中指揑成長條形，炸得金黃又香口，芋絲條條如蝦鬚般張牙舞爪，芋蝦一名也由此而起。不過這長條形芋蝦，易斷又不好儲存，於是慢慢形變成今天的小芋絲球，叫蝦沒有蝦，也不像蝦。

好的芋蝦真不易做，芋頭先手工刨成細絲，以薄和細長為上佳，洗淨後浸鹽水至軟再掠乾，下鹽巴、五香粉調味。炸芋蝦，是整個芋蝦的成敗關鍵。油溫不能太高，不然一下子就炸焦；粉漿不能厚，不然芋蝦炸出來又硬又不香。

芋絲球要一個一個地炸，不能貪多，是心機手工之作。芋絲球要放到半球形罩喱（注：類似漏杓）中慢炸，再以筷子不住挑鬆芋絲，才能炸出完美球形，吃起來才夠蓬鬆。小小一球芋蝦，全是心機，更是精神和時間的結晶。上佳的芋蝦咬開集酥、脆、鹹、香於一身。拈上手，乾爽又夠輕。吃一球，呷口茶，韻味悠長。然後，忍不住又來一球。

我生於古怪家庭，連過年也特別沒氣氛。沒揮春，沒年糕，老媽老爸也沒給我壓歲錢。小時候，過年指定動作就是回鄉探親，以及回港後去某幾位親戚家拜年。所謂親戚，其實是老爸的長輩，其中表姑婆最叫我印象深刻，每次都要坐個多小時巴士過海，然後還要搭那種親手關門的舊式乘降機。

其中一年，我應該還是個小學生。於姑婆家拜年時，我看到兩老「咔嚓、咔嚓」不住吃金黃小圓球，兩眼骨碌碌，忍不住問是什麼？「芋蝦。」那時，我一直以為自己聽錯，明明沒蝦，怎麼叫蝦。

看得口水直流，又怎能不吃一個，酥脆甘香立時在口中散開。一球吃完，忍不住又吃一球，到第三球，兩老立時喝止我，生怕我過飽過膩。但從那天起，腦海中，表姑婆家便跟芋蝦的滋味劃上等號，當然，每年往表姑婆家拜年，也總要來幾球芋蝦解饞。

表姑婆早幾年因病撒手塵寰，而我也慢慢習慣每逢新年自己買芋蝦解饞。無奈，我實在擔心芋蝦撐不了多久。先不說新一代是否還有人懂得欣賞，只說香港最新通過的《商品說明條例》，訂明商品名稱不能含有任何

這蝦，叫蝦卻沒有蝦，吃起來，更丁點不像蝦。名字，只怕是個軀殼，重點是可口又美味。拈上手，輕柔得像掌上明珠，生怕一捏即碎。

誤導性成分，否則已屬犯法。而官員彷彿完全了解香港飲食文化，早說「揚州炒飯」和「菠蘿包」是約定俗成，不受影響，但前消委會會長卻站出來信誓旦旦地說，「碗仔翅」如果沒有魚翅，極有可能變成誤導，觸犯法例，有必要改名。

看到這報導立時無名火起，那麼芋蝦沒有蝦，應該也要改名，只能叫作芋絲球吧？「桂花炒長遠」，這道菜沒桂花也沒又長又遠，更誤導吧？如果這條例在臺灣通過，「鴨肉扁」想必也要立即改名吧？

官呀官，你是否要弄至文化斷裂才安心？

好端端一篇談文化、談美食的文章，落得謾罵結尾。香港官員，就有這份能耐。

百年老號・太平天下

人說，富不過三代。

一個字號，能風行兩三代人，沒被時代淘汰，已叫萬幸；如果能橫跨五代人，歷盡戰亂動盪，是整個家族和社會的福氣。

「太平館」，以「豉油西餐」在香港建立起太平天下。

數來算去，太平館該是全香港「年紀」最大的餐廳。一個字號，屹立餘百年，若要說歷史，要由晚清說起。第一代人徐老先生原是洋餐館西廚，及後自立為門，先作小販在街上叫賣，後大膽於西餐中加入豉油，風味獨特而又深受當時嶺南大眾歡迎，進而在廣州太平沙一地開設餐廳，也順勢起名為太平館。

清末民初幾十年，可算是中國史上最動盪不安的一段日子。幸好，美食，從不因時局變遷而被淹沒。

戰亂迫使太平館一家人，從廣州逃難至香港。幾十年間，廣州一店也因著時勢，因著經濟，漸漸沒落，更促成徐家專心發展香港業務，在香港的太平天下從此成形。

西餐是西餐，豉油就是中式醬油，兩者風馬牛不相干。然而太平館卻以西餐為框架，中菜烹調技法為主調，糅合中西，發展出全世界獨一無二的中西合璧菜系。滷雞翼、燒乳鴿，徹頭徹尾是中菜，卻以西餐呈現；反過來，梳乎厘（Soufflé）和岑味（Salmi）牛脷完全是西菜，卻又加入中式調味，通通以新鮮食材入饌，掌握粵菜精髓。

香港四家太平館，四家均大同小異，到今天還保留昔日老舊香港的點點庸俗脂粉味，昏黃壁燈木卡座，侍應穿著筆挺西裝繫保呔（注：領結），食客彷彿跟隨回轉到花樣年華時代。男的成為吞雲吐霧裡梳頭的周慕雲，女的自然是穿起貼身小鳳仙裝，渾身上下沒半點贅肉，卻從不搔首弄姿的蘇麗珍。不知真的到了二〇四六年，這裡還能保留這格調嗎？

談回吃，太平館最有名也最有趣，必數一味「瑞士雞翼」。那怕你走遍瑞士所有村莊部落，也找不到這味「瑞士」土產。這味雞翼實以店家祕製甜醬油滷製，肉香而甜膩。還在廣州太平沙一地時，便有老外一嚐而大讚「very sweet」，不明究理的侍應以訛傳訛，以為大讚別有一番「瑞士（Swiss）」風味。自此，瑞士雞翼一詞便不脛而走。

太平館，全香港最老資格的餐廳。能「老而彌堅」，全靠幾道吃了上百年還不覺「老套」的佳餚。這口「豉油」西餐，不中不西，卻啖出這百年香港一路走來的華洋共處之味。

雞翼以兩節翼入饌，慢火以自家祕製瑞士汁，浸泡至皮飽滿又亮麗，咬開皮脆肉嫩，瑞士汁更香甜美味，難怪能獨步香江。「瑞士文化」跟從太平館從廣州流入香港，時至今天，大小超市更可買到預先調校好的瑞士汁，以便主婦在家炮製瑞士風味。說太平館開拓香港瑞士文化，一點也不為過。

太平館也有燒乳鴿，出品當然跟大牌檔不可同日而語。大牌檔吃的是風味，這裡粗菜細做。用上新鮮乳鴿，成本比一般餐廳用的冰鮮貨色貴上許多，當然，味道也精采許多。皮脆而肉厚，肉香濃郁細緻。乳鴿先燒再燴，醬汁不單以祕製瑞士汁調製，更加入豬皮一同熬煮，油香質感更濃。太平館乳鴿特別之處，更在於隨鴿呈上的醬汁中，還附上一份鴿內臟，不是新鮮鴿，怎能有鴿內臟？有不少饕客更說，這份內臟才是精髓，比鴿肉更精采。

…

「煙鯧魚」是平凡中見真功夫的一道菜。人云，第一芒，第二鯧，第三馬交郎，足見鯧在老饕中地位。而鯧魚更以大為佳，肉厚而魚味濃。太平館的一味煙鯧魚，先把鯧魚以瑞士汁滷熟，上桌前再用錫蘭紅茶和多種香料煙燻至香氣滿溢。梳梳魚肉細膩又甘美，片片鯧魚更足有手掌大，可想，魚足有五、六斤重。每年休漁期，也能保持貨源穩定實在難中之難。難怪伙記替老闆擔心，賣一份蝕一份。

「岑味牛脷」是另一道中西合壁佳餚。既然用上新鮮雞翼、新鮮大鯧魚，牛脷自然也是新鮮貨色。所謂岑味，其實就是西式煮法salmi。牛脷厚切燜至軟滑無比，再燴上以雞肝和牛油祕製而成的岑味汁。牛舌只挑肥大肉厚的牛舌心，厚得可以當扒吃。肉質又軟又香，配上岑味汁更覺豐腴無比。

在太平館有一道永遠的甜品，如果沒吃，等於白來，也就是「梳乎厘」，看名字就知道是西式甜品，卻摻入中式大堆頭意念，作成超巨型梳乎厘。沒有人看到不會大叫：「哇！」這道梳乎厘現點現做，等上四十五分鐘是閒事，但只要一送上來，看到有如兩個人頭大，聞到陣陣飄送的蛋白香，就覺得等多久都值得。熱騰騰的梳乎厘又香又滑，才入口，便像陣風般消失得無影無蹤，只剩下一抹蛋白香。

太平館菜式獨樹一格，別人也許會訕笑這種菜餚不倫不類，不中不西。我連反擊都懶，只因對牛彈琴。太平館的菜式壓根兒自成一格，讓你難以歸類。西餐以汁醬賣相為主調，粵菜則以食材新鮮，呈現原汁原味為宗旨。太平館的豉油西餐，合兩者之大成，有如香港人，不中不西，滿口中英夾雜，上午喝絲襪奶茶，下午吃Afternoon Tea，亂七八糟，卻自得其樂。

有時特別慶幸這百年老號還能存活在弱肉強食的香港，老實說，若不是徐家上幾代早有先見知明，四家店鋪皆為自家擁有，也許，太平館也早跟隨不少老號一同去如黃鶴。老闆也直說：「不少地產代理聯絡過我，勸我賣舖，更直說我賣一輩子雞翼也賺不到那個數。」

不過少東一直不求賺錢，只求守住家業，並為一班跟太平館打拚幾十年的老員工謀個落腳點。

「但求保持，不求創新」就是他唯一期許的事。

【店家資訊】

■ 太平館餐廳

地址：佐敦茂林街19-21號地下（近佐敦鐵路站B2出口）
電話：（852）2384-3385、2384-1703

地址：尖沙咀加連威老道40號
電話：（852）2721-3559

地址：中環士丹利街60號地下
電話：（852）2899-2780

地址：銅鑼灣白沙道6號
電話：（852）2576-9161
營業時間：週一至日11：00～00：00（白沙道店至23：30）

吃出香港精神

【PART Ⅲ】

街頭小吃別具風味，
傳統菜式、
舶來餐飲精細巧妙，
歸根究柢，
香港飲食底蘊乃源於中西文化之融合，
逐步淬鍊出獨特的香港精神。

夢想父子兵

還記得自己的夢想嗎？

也許會有不少朋友認為夢想該是無價，但最近我確實看到有一對父子，燒錢實現夢想。

我是一個上班族，天天回寫字樓（注：辦公室），每朝走一樣的路，幾乎連碰見的路人也一樣。大抵不同的，只有四時氣候。記得某個乍暖還寒的初春早上，離開屋苑大閘，忽爾看到對面馬路多了一家新食店「蜆勁村」，古怪到不得了的名字。我邊走邊說，跟大圍的「顯徑村」應該沒有關係吧？

心中疑團未解，過了幾天，特意走到店面看看，但見燈火通明，卻人客疏落。一個不過二十出頭的小伙子在門外打點，走近「八卦」一下。

「這不正是蝴蝶蚌？」我驚訝地問：「久未重逢了。」

「哈哈哈！」小伙子發出跟年齡有點不相當的老成笑聲，續說：「這蚌無比好吃，那怕只用白水汆燙，已鮮至極。」

我打量一下店內格局，不到二百尺的店面，擺置了三、四小木桌，感覺光猛舒適。二話不說，訂了兩天後的晚上，跟要好朋友一試究竟。

想不到一吃，吃出個夢來。

小伙子，蜆勁村的少東，從小夢想開一家餐廳，天天看著食客吃得津津有味。

盧爸爸，蜆勁村的掌廚人。三行出身，自詡廚藝了得，討厭坊間味精雞粉的妖邪之味，動用畢生積蓄開設蜆勁村，頑石對抗洪流。

兩人白天一份正職，到華燈初掛，卻又變回老闆、少東，打理這小小天地。熬至凌晨，睡幾小時，天沒亮又撲到碼頭搶海鮮，然後再回白天工作崗位。日復一日，勞累、受傷，卻澆不熄他們心中的一團火。

猶記得第一次在蜆勁村吃晚飯，什麼我都按少東主意。他說蝴蝶蚌該白水汆燙，又說必試客家惹味雞，我什麼都依他，心中就想看看這對父子兵能弄出什麼味道。

我跟蝴蝶蚌也算久別重逢。一別五、六年，那時還是黃毛小子一名，地點在流浮山，那鮮甜畢生難忘。少東雖年少，但對海鮮見識甚廣，直說蝴蝶蚌乃時令之物，全年只於初春出沒，買回來也不好打理，三天不到便一命嗚呼，可謂入貨難，掌貨更難。這種鮮至極的蝴蝶蚌，白水汆燙最適合，原汁原味，讓人無法抵抗。

餐牌上有道「招牌盧爸爸炒蜆」，我最愛點這種把招牌和店名都押上的菜，如果這道菜做不好，其他的也不用再試了。承如老闆盧爸爸所言，食材好，根本不用下雞粉味精等妖邪之物，蒜蓉、辣椒、唐芹、荽茜，像Jamie Oliver，東抓一把，西撒一束，已是最佳調味料。

再說炒蜆，縱然我是貝類愛好者，但若吃著一顆沙，甚或其中一隻發臭，真有如香糯米飯中咬到一顆米糠，大煞風景。盧爸爸為保品質，沙蜆買回來後，先吐沙再汆燙至半熟，細細逐隻檢查，確保乾淨，食客吃得安心。

客人下單後，老闆先以滾油爆香大量蒜蓉和辣椒，再下蜆不停翻炒至顆顆蜆都吃盡蒜香和辣椒香。一小顆蜆肉，鹹鮮又刺激。底下的辣蜆汁更充滿鮮香和蒜椒精華，敢說，比坊間任何Aglio Olio更出色。實不相瞞，我試過外賣這道蜆回家，啖盡蜆肉後，把意粉傾倒而下，不放過一滴蜆汁。

我是廣東沙井人，從小吃蠔吃大。什麼炸蠔、炒蠔、金蠔，從來不是新鮮事。也因吃太多，早對蠔失卻興奮，但在這裡，卻讓我重新愛上。少東在流浮山一小個體戶買來新鮮本地蠔，該個體戶從不接大生意，天天只賣幾斤，堪稱精品。這等新鮮食材，老闆簡單以薑蔥快炒，蠔肚質感爽脆又軟滑，火候控制得幾近完美。

少東笑說，為了這道蠔，他和老闆吃了幾十次，只求達致最完美火候。咬開蠔肉，鮮美盡出，清甜甘美。任何番邦桶蠔、東洋廣島蠔也難以望其項背。不過，跟蝴蝶蚌一樣，盛夏一到，蠔季便過，又要等來年才能跟美味重逢。

夢想無價？但實現夢想卻要靠真金白銀。有一身好廚藝的盧爸爸，千金耗盡，只為開家小餐館，以美食滿足食客，食客的一句：「好吃！」一個滿足的笑容，已是他最大的回報。

還有一味「椒鹽招積蝦」，少東多次叫我試吃，奈何我胃納有限，只能待朋友大餐時才一睹風貌。這道菜以新鮮海蝦入饌，拉油後再以大火配上料頭炒香，看似簡單，確實功夫處處。蝦，不易活，早上買料後，晚上可能只存活三分之二，去蕪存菁是心機；走油，油溫時間都特別講究，吃起來蝦殼才會又香又脆，連蝦腳都脆得像小吃，是功夫。集心機及功夫的一道菜，難得。

老闆是客家人，除了海鮮也特別擅長客家菜。廣東人愛吃白切雞、頭油雞、金針雲耳蒸雞，老闆則改以大量薑片、唐芹快炒新鮮雞肉，薑片辛香撲鼻，雞汁瀉滿碟，雞肉彈牙又甘甜。這道菜彷似平凡無奇，但食材好，配上簡單料頭，不正是王道嗎？久違了的雞味，濃甜甘香的雞汁，配上一碗白飯，無以尚之。唯一缺點在於，一碗飯好像有點不夠……

再來碗飯，就再來一味雞吧！如果略嫌炒雞扼殺了鮮雞鮮嫩口感，還有獨門「紅蔥頭蒸雞」。蔥頭棄尋常小圓球品種，改用貴上近倍的瘦長「雞心蔥」，香氣更誘人。鮮雞切塊調味，配上大量蔥頭入爐蒸熟。上桌，蔥香撲鼻，雞肉浸淫在金黃汁液中。嚐一口汁醬，鮮甜得要命，無他，都是鮮雞汁和雞油，哪有不好吃的道理。一口汁，一口飯，一塊雞肉，停不了口。

吃海鮮不吃魚，好像總欠缺什麼？少東笑說：「如果想吃石斑等名貴物，我恕難從命，我這裡只賣平價魚。」說是平價魚，不過是謙虛話，美味，從來不分昂貴便宜。

兩父子都是客家人，最懂吃河鮮。黃骨魚，賣相平凡，甚至可說醜陋，但經過盧爸爸細心處理，以豆豉、蒜茸蒸熟，魚肉瓣瓣如蒜子肉細嫩，在口中釋放淡淡然鮮味。賣相雖一般，不甚搶眼，但真可說：「牠很醜，卻很好吃。」

走筆至此，大抵大家都以為我為這食店興奮，為每道巧手而感動，可惜，我在想，究竟這兩父子的夢想值多少錢？全店只得三、四方桌，白天正職，只做晚市，一晚下來有多少生意，小學程度都算得出來。店租、燈油火蠟、海鮮進貨，通通都是錢。我記得問過少東，還撐得住嗎？

「早預料虧本，只差多與少。」他笑笑說：「數簿（帳簿）這東西，還是少看為妙。最重要是大家吃得開心。」

我不時替他們擔心，又不時替他們算算這個月又要虧多少，但看見他們兩父子在廚房一人炒蜆，一人斬雞，帶著笑容埋頭苦幹，頓覺，只不過是我一人市儈。

燒錢買夢想也覺快慰，全因夢想，從來都是無價。

【店家資訊】

蜆勁村盧爸爸私房菜
地址：大埔翠怡街3號翠怡花園C座地下9A1號舖
電話：（852）6828-0332
營業時間：週一至日18：00～23：00（需預約）

小吃，登大雅之堂

這是一個有趣的現象。

問去臺灣的香港人，到達後打算吃什麼？「小吃。」

問來香港的臺灣人，在香港想吃什麼？「小吃。」

這答案百發百中。不過有趣的是，香港的小吃一直在變化，甚至愈變愈精品化。

應該每個香港人都有屬於自己的私房小吃故事。於我，猶記得小時候家住九龍灣，閒時便到附近的淘大商場逛街，途中總會經過一段位於天橋底小公園路，還未達，就已聞到混雜不同小吃的香味。永遠先聞到串燒的炭火香，隱隱又有一種甜膩，嗯，是雞蛋仔，然後又聞到一陣混著柱侯醬的濃濃肉香，轉念就看到牛雜檔。到今天，只要再聞到這種特別又難忘的香味，回憶立時湧上心頭。

小時候走到那段路，我特別期望兩老會停下吃串串燒，甚或買個雞蛋仔給我。饞嘴，原來從小便開始。

可惜因著市容，也可能是政治因素，從九十年代開始，政府雷厲風行掃蕩無牌小販，從而促使小吃攤檔半迫半哄的入店。而我們吃魚蛋、燒賣、碗仔翅，也從左右開弓，變成安坐店中。也因著「入店化」，一粒魚蛋，一串燒賣，通通要背上如狼似虎的店租，精品化是其中一條出路。

小吃，名字稱作「小」，但心機一點也不「少」。碗仔翅要做得好，光是熬湯底已教人花上許多時間。魚肉燒賣，為了成本，已粉多魚肉少。應該只有呂仔記，還帶著傻勁，把小吃弄得一點也不「小」。

像碗仔翅，有人戲稱為「味精水」。當魚翅還沒被冠上邪惡之首時，一直是貧苦大眾夢幻般的食物，更有人笑稱：「去飲宴，都是為了那碗魚翅。」而碗仔翅，就是為了滿足眾魚翅夢應運而生。十元八塊一碗碗仔翅，試問又有誰會相信真的以魚翅入饌。吃碗仔翅，不過為一份窮風流。

沒魚翅，吃的就是那口高湯和「模仿」魚翅湯滋味。十元八塊，又豈能跟大酒樓以老雞、豬骨、金華火腿熬製的頂湯相比，為做到「似模似樣」，摻入妖邪之味是難免。難怪，會被戲稱為味精水。

然而，筲箕灣「呂仔記」能以碗仔翅馳名幾十年，靠的當然是實力。碗仔翅從前是街邊小吃，呂仔記則來個粗菜細做。湯底以老雞、豬骨、金華火腿等材料熬製，再混入冬菇絲和肉絲，湯底喝起來清甜甘美，肉香濃濃，一般「味精水」碗仔翅實在難以媲美。人說「粉絲當魚翅」，碗仔翅當中用的都是粉絲，可粉絲放於湯中難免發漲變軟，呂仔記不惜成本用上日本素翅，口感幾可亂真。這碗碗仔翅，絕對環保又美味。

除了碗仔翅，呂仔記更以真材實料的「魚蓉燒賣」聞名食界。同叫燒賣，在香港可謂花開兩朵，各自發展。一門是點心燒賣，以蝦和豬肉作餡，味道要滑要鮮，賣相講究楚腰纖細，是手藝之作；另一門則是新興小吃，同是黃皮白餡燒賣賣相，但肉餡則換上魚肉，像魚蛋般蘸醬油、辣油同吃。

呂仔記同樣來個粗菜細做。別家魚蓉燒賣大多是交來貨，也難免摻雜麵粉以圖降低成本，呂仔記則用上足五、六斤大黃鱔起肉，親手打成魚肉再搓成燒賣。燒賣彈牙鮮美，滿滿魚肉香，入口就知非一般貨色。雖有點貴，但當成支持本土小吃，還是值得。

呂仔記座鎮於筲箕灣東大街幾十年，從小攤檔到入店，一直堅持小吃當成大菜做，如此用心，才能獲得食客多年支持。難怪，東大街人材輩出，而呂仔記卻是從不被遺忘的名字。

⋮

若然談精品小吃，不談這店，真的白談了。我說的是「車品品」，車品品可說是我踏上尋吃之路首家店，還記得那天車品品為我帶來的第一道菜是：閉門羹。

於網上讀過不少風評，決心動身一試究竟。看完早場電影便跟朋友雙雙前往富榮花園覓食，時值正午，還打算吃個小吃作午餐，怎料到門口才驚覺，這小吃店午後三點才啟市。這就是我跟車品品的「第一次接觸」。

時移勢易，車品品早從破落富榮花園小店搬到大角嘴新店，餐牌也比從前加入不少新元素，唯一不變是依然主打小吃，依然道道皆精緻無比。

同樣先來碗碗仔翅吧！跟呂仔記相比，車品品做得更精巧細緻，恍如大酒樓出品。肉絲、木耳絲通通切得如絲般細，入口順滑無比；湯頭也以老雞、豬骨等材料熬製而成，一啖便知心機。這碗碗仔翅更加入竹笙，多添一分爽滑，美味無窮。街邊碗仔翅，立時可登大雅之堂。

除了改良傳統小吃，車品品更敢於創新。這道「蝦籽滷肉餃」，真別有一番滋味在心頭。一晃眼，就十年了。猶記得差不多十年前，車品品還活躍於富榮花園那個破爛不堪的小舖，每顆餃都由老闆娘親手包製。那時我點了一碗餃，老闆娘叫我稍等，轉個身便見她在流理台立時開始包餃。她笑著說：「剛賣完，不好意思，我現在包給你吃。」

十年了，店子變了，裝潢變了，唯獨這個餃的味道沒變，依舊濃鮮好吃，臺式滷肉香甜帶濃濃肉香，咬開餃子，一泡汁在口中流瀉，滋味無窮。別小看撒上的蝦籽，也是老闆娘的心機貨色，把本身濃郁不已的滷肉餃再提鮮，鮮上加鮮。

如果把鮑魚當作小吃，會否太奢華？這是老闆娘的最新傑作，讓愛吃鮑魚的朋友，不用動輒花上幾百元，便可吃到貨真價實的紅燒鮑魚，絕對是食客之福。老闆娘用的是大連吉品種鮑魚罐頭，配以自家祕製干邑紅燒汁慢火扣成。經慢火扣製，罐頭鮑魚也熬

說實話，把鮑魚視作小吃，未免太奢侈。不過，車品品有趣的是，大至鮑魚，小至一片蘿蔔，老闆娘也視之為瑰寶，一絲不苟，小吃，難怪變成精品。

出一點溏心，軟滑黏牙，嘴裡滲出鮑魚香，這等功夫，實在難得。別錯過剩下的鮑魚汁，我愛通通倒在生菜之上，鮑汁生菜，濃鮮又清甜，無比美味。

這其實是一個兩難的問題。若不是政府「苛政猛於虎」，把無牌小販逼迫進店，把街頭風味扼殺於政令之下，也許，小吃還需更長時間才踏上精品之路。然而，今天我們以街頭風味換來精巧滋味，是幸還不幸，實難定奪。

不過，每逢農曆新年，香港街頭都會於深夜出現大量無牌小販車仔檔，像有共識般，小販管理隊過年也「隻眼開、隻眼閉」。而我們這種饕客則會按時出動，近年更會於Facebook即時發放小販聚集訊息，像天地會造反般，有趣，但可悲。

精品化，是條出路；街頭風味，更該保留。魚與熊掌，我看並非不可兼得。

【店家資訊】

■ 呂仔記
地址：筲箕灣東大街121號A地舖
電話：(852) 2885-8590
營業時間：週一至日14：00～00：00

■ 車品品小食
地址：大角咀埃華街92號
電話：(852) 2180-9655
營業時間：週二至五14：00～16：00、18：30～23：30，
週六、日14：00～17：00、19：00～23：30（逢週一及勞工假期公休）

麵粉魔法三寶

麵粉，可能是芸芸眾生中最平凡無奇的食材，任你高筋、低筋麵粉，也不過是小麥的最終產品。

可能就是如此平凡無奇，吸引了世界各地廚師為它迸發心思，研發出各國美食。尋常麵粉落到北京師傅手中，加把水，一搓一搾，麵糰兩三下便延伸成千絲萬縷白細麵；異國晴空下，麵粉、雞蛋搓成麵皮，徐徐放入特製切麵機，細細運轉，另一頭就吐出黃金義大利麵。

如果落到香港師傅手中，又會變出什麼戲法？

我相信，魔法帽子下藏著的，應該就是「西多士（注：法式吐司）」、「蛋撻」和「菠蘿油」。

說真的，我真沒法理解西多士、蛋撻和菠蘿油對於國外朋友的魔力。於我眼裡，西多士就是西多士，下午茶隨手拈來的一份茶點；蛋撻，街角麵包店俯拾皆是，只不過是最平凡的「散水餅（注：離職時請同事吃的點心）」，菠蘿油就是菠蘿包夾牛油，小時候，母親大人不讓我們單吃冰冷牛油，總會預先在微波爐裡「叮」一下，讓牛油融化到麵包的寸寸肌膚。這些，都是我對這魔法三寶的印象和回憶。

也許真的人離鄉賤，物離鄉貴。我相信就是這些小吃的地道風韻，牢牢扣住國外朋友心弦，就像滷肉飯牢牢抓住我心。

最讓我莫名其妙的，肯定是西多士。近乎是人人家中也能做的一味，竟能一躍成為萬千寵愛。早已落地生根的西多士，幾十年前，跟香港不少街道一樣，都掛起西洋名字，平實記載著華洋共處的一頁風流。「法蘭西多士」是快被遺忘的名字，顧名思義，這地道小吃源起於法式多士，以蛋汁佐麵包同煎，香港西多士，真有昔時王謝堂前燕的韻味。

西多士，除了是地道小吃，更是我們一眾男生「那些年」的神級美食。差不多是每家中學校家政課的第一課，兩片方包，抹上花生醬，沾蛋漿後丟到鍋中半煎炸香，零難度小吃，卻是「那些年」受女生青睞的男同學的私家午後甜品。

說到西多士，我愛死大埔「民華」的獨門西多士。雖說，西多士萬變不離其宗，都是麵包沾蛋漿再煎香，最後澆上甜死人不賠命的糖漿，但民華出品確有其獨特之處。

先說麵包，坊間西多士多以兩片薄麵包堆疊而成，民華則有先天之利，以店內的厚多士沾蛋漿直接煎香。厚多士不但鬆軟，蛋漿也多吃兩分，蛋香濃濃，自然滋味無比。再者，吃西多士就怕油膩，民華西多士先以慢火煎香，再以猛火逼出多餘油分，吃起來外脆內軟，不帶丁點油膩感；第二怕糖漿甜到膩，民華棄傳統糖漿，佐以煉奶同吃，不單香甜美味，更多添一分奶香。

其實說到底，民華西多士能讓我情迷的最大原因是全天候供應，不論是一大早睡眼惺忪，還是晚上加班後想來份Late dessert，只要民華招牌的霓虹燈還亮著，只待你舉手揚聲：「來份西多士！」

⋮

猶記得從前蛋撻不過是地道小吃，更是最便宜又「乾手淨腳」的散水餅。不時，在公司看到一盒盒黃澄澄的蛋撻，我便會自然問起：「是哪個同事要走了？」

平凡，有時卻可被點石成金。我說的是末代港督彭定康，相信那幀狼吞虎嚥大啖蛋撻的照片，早已成為蛋撻的最佳宣傳照。好像是經彭定康這樣一啖，蛋撻就成為國際美食，不再只躍躍於本地食壇。

也經那一役，蛋撻正式分成兩大門派：酥皮和牛油皮。以豬油作藥引的酥皮，咬開層層酥脆，吃得滿嘴油香；牛油皮則以厚實鹹香取勝，深得ＯＬ和少女歡心。而我則以為不分軒輊，美味就是王道。

若數地道和心頭好，非「豪華餅店」莫屬。當「泰昌」早已開至幾乎十八區，區區都有時，豪華還是默默謹守九龍城唯一老店。

座落街角的豪華餅店，店面醒目又亮麗，全賴那幾十年不變的漆紅色招牌，配上花紅花綠橫匾，一眼掃過，時間彷彿沒留下歲月痕跡。

店面小得可怕，才幾個人進去，就連轉身都不能。五、六十年代香港的麵包店大都如此，做包、餅房、賣麵包，這幾十方呎就是麵包師傅的舞台。直到今天，只要蛋撻出爐，人龍便自動向店外伸延。這也是件美事，遠遠，就知熱騰騰的蛋撻要上桌了。

人說，女生一白遮三醜；我說，食物一熱遮三醜。尤其酥皮蛋撻，最講求熱度，吃起來溫溫吞吞的話，什麼技巧，什麼酥皮，都沒意思了。豪華幾乎全天候供應熱騰騰蛋撻，全因它慢工出細貨，一盤蛋撻出爐，還不夠應付三分之一人龍，一盤接一盤，人龍也連綿不斷，這樣的蛋撻才最「新鮮」！

酥皮講究層數多，起酥起得透，油分在烤焗時悉數與酥皮融合，才夠酥香又不油不膩。而且酥皮要搓得透徹，千層酥皮，層層堆疊，卻綿密細緻得千層如一。豪華沿用幾十年老祕方，蛋漿混入鮮奶油，增添香氣。蛋撻出爐「脹卜卜（注：鼓起飽滿的樣子）」，動一下鐵盤，圓渾的蛋漿不住抖動，晃如千百個小太陽在滾動。賣相，教人心花怒放。

咬開豪華的蛋撻，每次都燙嘴又燙手，像個小肚腩似的蛋漿，迸發濃香兼備的蛋香，質感像奶酪又像布丁，似凝未凝，大膽一點，一口吸啜下去，絲絲細味鮮奶油風韻。「咔嚓」一層，千層酥皮應聲碎裂，油香酥香在口中共冶一爐。一身，甚至一地皮碎，吃相無疑是狼狽之極，但每次我都捧著蛋撻，就站在豪華門外品嚐起來。美味，又怎能等待。

再說最讓人著迷的小圓球，這小圓球說圓不圓，表面更凹凸不平，脆皮只包裹上半個麵包，像隕石，又像個小行星，怎看也不跟「吸引」二字沾上邊。菠蘿包，攔腰切開，硬生生把還帶雪氣的牛油塞入夾縫，一個冰火交集的菠蘿油才叫大功告成。

從前的香港，人人都是草根，早餐大多隨便湊合而成，哪有電視劇的白粥、油條、炒麵？從家到小學，不到十分鐘腳程，早餐就在麵包店看心情挑一個，邊走邊啃。若說麵包，六、七年的莘莘學子生涯，真是吃到怕。看到菠蘿油最近幾年無名紅起來，更覺莫名其妙。

但一個剛出爐熱騰騰、又香又酥的菠蘿油，箇中滋味，實讓人難以忘懷。縱有點人云亦云，但坦白說，我也是「金華冰廳」的忠實粉絲。有時候，就有如循環一樣，店子紅，流轉自然快，全天候新鮮出爐，品質自然人人讚好，然後變得更紅，環環相扣。金

魔術師最大能耐是設計表演往往出乎觀眾情理預測。像這三寶，出自平凡麵粉，靠著師傅巧手，成為最地道、最擄獲人心的小吃。一口軟滑西多士，一口熱騰騰蛋撻，一口冰火交集菠蘿油，千金不換。

華的菠蘿油正是全天候出爐，試過早上，也試過午後，更試過傍晚前往，還沒走到店面，遠遠便聞到剛出爐菠蘿油的濃香甜膩。性急的我，就在店外揚聲：「一個菠蘿油！」

一夾一切一塞，三兩下手勢，滲滿油光的白紙袋便遞到眼前。貪吃，從不講儀態，迫不及待張口大咬，定要一口啖盡菠蘿皮、麵包和牛油，三者在口中融合，好吃到骨頭都酥軟。以牛油、砂糖、麵粉搓成的菠蘿皮，酥香甜膩；麵包鬆軟有彈性；牛油像雪糕般，在舌尖融化，融成絲絲鹹香奶汁。想到把冰冷牛油塞進菠蘿包的人，簡單卻破格，真是神人。

有人說，香港是個文化沙漠，但縱觀飲食界，香港飲食文化可謂又深又廣，上承接中國華南精巧飲食文化技藝，橫移植英國傳入的西方飲食浮華，就看西多士、蛋撻、菠蘿油，無一不融合中西文化，又具港式獨特風韻。

我喜歡香港，更喜歡充滿魔法的麵粉三寶。

【店家資訊】

民華餐廳
電話：(852) 2392-4880
地址：旺角通菜街153-159號地舖
營業時間：週一至日07：00～00：30

豪華餅店
地址：九龍城衙前圍道136號
電話：(852) 2382-0383
營業時間：週一至日06：00～22：00

金華冰廳
地址：太子弼街47號地下
電話：(852) 2392-6830
營業時間：週一至日06：30～12：00

又一名怪人，詹師傅

俗語有云，物以類聚。不知是不是我太奇怪，總與不少怪人不期而遇。盛記的華哥是一例，蜆劲村盧氏父子又是一例，想不到，還讓我多遇到一名怪人；更想不到，這次是我的性急把怪人逼出來。

人人嚮往美食博客生活，以為為美食而生，為美食而撰文，多幸福。反過來，我們為尋找美食感到煩惱，為介紹新事物而不管山高路遠，其中辛酸也是不足為外人道。某天某日，為試吃新餅店，遠赴西環尾，從家門出發，連走路坐車一起算，差不多兩小時，我常笑說：「走一趟西環尾，比去臺北更遠。」

還記得那天是初夏，雖只是微熱，但舟車勞頓後也覺勞累。甫進店，我就嚷著要吃「紅豆綠茶蛋糕」。

「暫時沽清，要等下一輪新做。」長髮及肩的店員跟我說。

我雙眼骨碌碌看著餅櫃裡的那塊蛋糕。

「那塊有人預訂了。」她早看穿我心意。

「那麼我先吃其他，邊吃邊等。」不到黃河心不死是我的一貫性格。

應該不到半小時，兩樣餅早吃光，而兩樣皆是高水準之作，平凡中見不平凡，讓我對無緣一見的紅豆綠茶蛋糕更執著。

「知道要等多久嗎？」

女店員一臉為難。

「多久我都會等的，我從大埔過來，前後坐了差不多兩小時車。」

不知是我感動了店員，還是她覺得我太煩，轉身推門往製餅房走。不久，探頭出來：「師傅在做，快做好了。」

看到眼前這塊紅豆綠茶蛋糕，我就覺得等多久都值得。枝枝矗立的「綠茶脆脆（蛋白餅）」，像籬笆般團團圍住綠意盎意的海綿蛋糕，簡約又獨特的設計。這抹淡雅，跟初夏配搭得天衣無縫，心情也隨之快慰起來。

「好吃嗎？」背後傳來一陣厚實的聲音。

「好吃！非常好吃！」我雀躍又不要臉地說：「這綠茶蛋白餅（meringue）做得太出色了，香脆又鬆化，甜而不膩，綠茶味又濃又香，回甘十足，讓我徹底對meringue改觀。」

「這綠茶粉是日本貨，比一般的大陸貨貴上許多，但為了品質，貴，也沒法子。」一身餅廚制服，就知他是這塊紅豆綠茶蛋糕的出品人。

「甜度也剛好嗎？」他有些誠惶誠恐地問。

「恰到好處。吃得出比坊間蛋糕減低甜度，但更清爽，更突出綠茶香。甜而不膩，太精采。」我像食家上身般侃侃而談：「中間的海綿蛋糕也是平凡中見功夫，鬆軟又綿密，而且紅豆餡也覺細膩。咦！這紅豆不像罐頭紅豆蓉⋯⋯」

「這是由新鮮紅豆浸泡過夜，再熬煮幾小時而成的自製紅豆蓉。罐頭那些不夠香又過甜，還是自己做比較穩妥。」他面帶靦腆，好像覺得自己說多了。

當下覺得眼前這個餅師不是尋常師傅，旁敲側擊下，他終於多說兩句。詹師傅，從前在城中名店「Sevva」作餅師，現放棄高薪厚職，自己在環一後巷開設餅店。我說他款款西餅都是心機之作，賣這麼便宜，怎賺錢？

「賺少一點，還可以的。最重要是街坊吃得開心。」他又掛起那副笑咪咪的臉，自得其樂。

臨走時，除了謝謝他的手藝，我還說：「你會紅的。」

怪人，怪在做事不計工本。其他人做餅多的是使用罐頭貨，貪快講方便，他偏要事事親力親為，連果醬都要用新鮮水果打製。我好像總和怪人有不解之緣，也可能我跟他們一樣怪。

有人說過，從來沒有懷才不遇這回事，「懷才」而「不遇」，只不過你的才華還不夠好。「詩餅坊」，遠在西環尾，更座落於後巷，只三個月，旋即成為城中最炙手可熱的名店。人潮不絕，蛋糕更不時沽清。

我的預言應驗了。

⋮

待了幾個月，等人潮稍減又再訪，再回味最喜歡的紅豆綠茶蛋糕。

「怎麼這麼久沒來？」他像長輩般責備我好久沒探望他。我回應了幾句便忍不住低頭品嚐蛋糕。忽爾，他送上一塊小蛋糕。

「這是我的新出品，下星期推出，先給你試一下。」

面前這小塊蛋糕，嫩黑發亮，顯然是塊朱古力蛋糕，但如果只是尋常朱古力蛋糕，又怎會是新產品。滿腹疑團的我看到師傅嘴角微揚，就知其中必定有古怪。

一切開，禁不住大叫！嫣紅果醬如泉湧出，熱烘烘的心太軟能做到流心不難，但這塊凍朱古力餅也達致如斯效果，手藝真讓人讚嘆。朱古力幼滑而極細緻，香濃得讓人感到幸福，再配上微酸又富果香的覆盆子，平衡得完美無瑕。

「覆盆子果醬味道太精采，酸甜適中，既把朱古力的濃膩清減，又增添層次。」

「果醬是買新鮮覆盆子回來，我再慢煮而成。」詹師傅笑著說。說起來淡然不著痕跡，但紅豆餡、覆盆子果醬通通親自調製，功夫細活多到不行。這個人，真是個瘋子。

又過了三幾個月，以為詹師傅會放緩新產品發展，怎料又於他的粉絲專頁看到新產品，弄得我心癢難當。這次是早成為香港必買手信之一的「蝴蝶酥」。得知詹師傅以蝴蝶酥作為新產品，不禁配服他的勇氣。坦白說，蝴蝶酥被「曲奇四重奏」打響名堂後，其他餅店實難再以蝴蝶酥作賣點。再者，更難免與四重奏作比較，稍一不慎，便有珠玉在前的感覺。

出發前我特意打電話給詹師傅：「是不是推出了蝴蝶酥？」

「是呀！」電話那頭傳來開懷笑聲：「你還不過來吃？」

「禮拜天即來！」

蝴蝶酥小小一片，剛好一口大小，吃起來特別方便。反觀曲奇四重奏，一口嫌太大，兩口嫌不夠過癮。現一口啖盡美味，這設計真窩心，改變雖小，卻體貼至極。師傅一貫謙虛地笑而不語。再說味道，酥脆又鬆化，咬開油香在口中四溢，難得甜度控制得宜，只覺香而不覺膩。敢說，詩餅坊出品比四重奏更香更脆，甜度適中又更耐吃！一口接一口，一塊接一塊，好吃到停不了。

每次步出詩餅坊，我都期待下次再來又有什麼新出品。詹師傅這人，不求成名，

左——朱古力蛋糕。
右——紅豆綠茶蛋糕。

不貪戀高薪厚職，只望為街坊帶來最價廉物美的美味；也不停滯不前，新點子不絕。最近一次探他，他不住跟我分享腦裡的新點子，還說：「時間真不夠用，我想多做幾款蛋糕，這樣食客才有新意。」

這人，怪到不行；不過如斯怪人，我不介意多認識幾個。

【店家資訊】

■ 詩餅坊
地址：西環堅尼地城厚和街43號地下
電話：(852) 2816-6000
營業時間：週一至日11：00～21：00

點心，需要一點心

人說，八十年代香港隨處都是機會，遍地黃金，然而，也是貧苦大眾特別多的年代。那時，別談什麼「i系」產品，小孩課餘活動，就與鄰居小孩在球場追逐，拍拍公仔紙。生活樸實，簡單美好。

我也是從樸實年代長大的一群。雖說窮，但還是吃得飽、穿得暖；但談到吃，真沒吃過什麼好東西，能偶爾上茶樓飲茶，已是家庭樂事。印象中最深刻的一次飲茶，反而沒吃到半點點心。

我家飲茶，從小就是件大事，一般由老爸提議，經過三審，甚至三十審，終得到老媽通過後，始能成事。猶記得那是個風和日麗的星期天，一大早一家四口便從九龍灣動身到尖沙咀，出發時，老媽已不住碎碎唸：「怎麼要大老遠到尖沙嘴飲茶？」

轉過九曲十三彎，來到商場盡頭。猛然發現酒樓門外貼著：「關門大吉」字條。我背上立時冷汗直冒，同時，老媽的咆吼也隨即爆發。飲茶，最後換來閉門羹之味。

飲茶，在廣東人心中有著莫名的重要地位。舊時「一盅兩件」說法，直指出飲茶在乎的是氣氛，講究的是精巧。一盅茶，飄出香醇茶香；兩籠點心，吃盡心機巧手。茶杯中，談盡風花雪月、社會大事，乃至家國風雲，伴隨茶香昇華。吃，彷彿只是配襯。

談點心精巧，談新舊融合，於香港還數「新同樂」。曾被冠以米其林三星光環，雖被摘掉一顆星，但從不減它的光芒，更不減它在饕客心中的地位。新同樂被摘星後，我暗笑：「真好，少點慕名而來的人，容易訂位多了。」

舊日傳統點心，早跟隨香港Good Old Days逝去，像「赤繩欣繫足」、「彩鳳隱龍懷」，全是陌生名字，敢問新一代，除了蝦餃、燒賣，點心，大概只懂流沙包吧？

而我飲茶，總愛新舊融合。蝦餃、燒賣是中堅分子，如同考核般，做得不好，店名便可從口袋名單裡剔除；再來幾道新派點心，了解飲食潮流。如此一個假日早上，於願足矣。

新同樂從跑馬地搬到尖沙咀後，變得比舊日更低調，名字極少見於報紙雜誌。不少人以為新同樂背起魚翅酒家名號，只走高檔奢華路線。其實新同樂從來都是雅俗共賞，每次我都不過吃幾道點心，偶爾加一、兩味小菜，滿足矣。

像雲吞一樣，蝦餃不知何時沾上「大而無當」的妖邪之風。點心，該吃精緻，吃心機，一口啖盡鮮美才叫上品。餃皮是另一災難，厚實、粉糊是通病。小小一顆餃，皮要晶瑩剔透，半透出嬌嫩蝦肉；薄而不能穿，質感彈牙又黏糯，咬在口中，綿軟煙韌集一身。今時今日，河蝦淡雅之味早不復存在，但若把碩大整隻蝦肉入餃作為賣點，是錯中之錯。蝦肉、肥肉、竹筍，三者皆融為一體，才能造就鮮腴清爽之味。

好蝦餃不易尋，新同樂永遠是我不二選。不大不小，剛好一口啖之，皮和餡在口中融合。餃皮煙韌香糯，各個俱有十一摺，美得像昔時美女綾羅綢緞上的羅衣摺子。肉香蝦鮮，湯汁滿盈，幾十年從不沾上妖邪之風，堪稱完美。

人人以為點心皆以廣東為發祥地，但燒賣卻貨真價實乃是由北方自元代經晉商傳到南方。燒賣，北方又稱為「稍麥」、「燒麥」，有說起源於包子，又有說起源自茶館小吃，眾說紛紜。唯一肯定的是，南傳後成為點心主流，蝦餃、燒賣，齊名已久。不論南北，燒賣皆以麵粉作皮，以肉作餡，腰一捏，有若「楚腰」，頂開口當花蕊。南方人吃得精巧，肉餡多點一撮蟹黃，鮮上加鮮。

可今天人人以海鮮為奢華，頂上蓋蝦、蓋帶子，隨處可見，但我還是喜歡單純鮮美肉香。肉講究肥瘦均勻，入口綿軟富肉汁，配點冬菇提香，混些蝦肉加鮮，已無可挑剔。新同樂不多不少，不花巧不造作，簡單呈現昔日嶺南風味燒賣。

兩道主角過後，換些新派口味——金包銀絲腸粉，原本平平無奇的布拉腸粉，何以變成金包銀絲，好奇不已。腸粉皮自然是現點現拉，粉嫩細滑而米香濃濃，裹起剛炸香的腐皮，中間還藏著經上湯煨煮過的蘿蔔條。外嫩內脆而中間軟滑，咬開蘿蔔，高湯香濃不已。有時候，創新只要做得好，也未必不如舊時風情。

在新同樂，品味到的是飲茶閒情逸致，幾道點心，一壺靚茶，國事家事笑談風雲中，真有古時上茶館韻味。不過，品茗和點心這對孿生兒，直到早幾年分家了。因為點心專門店出現，以致我們不論早晚，都能以點心為主餐。晚餐吃點心，從前幾乎是天方夜譚。

我有時反思，點心專門店把飲茶點心文化攔腰切斷，是美事還是壞事？但平心而論，縱夜幕低垂，偶爾也想啖幾口精緻點心。這時，我二話不說就走到「利小館」。

猶記得第一次光顧利小館，覺得水準平平，甚至完全無法想像是「利苑」新分支。想不到，一年半載後，狀態回復大勇。尤其蝦餃、燒賣更是同行中，少有接近古法水準。

蝦餃一口大小，餃皮柔韌有彈性，在口中慢嚼，蝦肉鮮美淡然散發，竹筍爽甜，幾乎無可挑剔。燒賣外形宛若小黃花，楚腰纖細，頂上沒蝦沒帶子，奉行簡單就是美。豬肉切得細緻綿密，吃在嘴裡，滿口肉汁又香又甜，冬菇更為燒賣多添一縷幽香，欠的應該只是頂上的一撮蟹黃。

點心，從前是上古風流。提籠雀，呷口茶，風流雅事於茶水中流過，點心，不過陪襯；但自從點心專門店橫空而出，點心便飛上枝頭成為主角。一口點心，吃盡精巧和心思，還有一縷承傳精神。

在利小館，新派點心更討人歡心。利苑的成名作「冰燒三層肉」，自然成為利小館的名菜，我常說：「這道三層肉，貴在捨得。」燒腩只挑層層相間五花腩入饌，過肥過瘦，通通捨棄。以明火燒得金黃香脆後，再大刀闊斧切掉最底兩層精肉，切成小方丁上桌。一小方丁，肥瘦層層相間，塊塊夾精夾肥，一口一塊，香脆豐腴，油香在舌上遊走。才吞下，又想來一塊，這小丁方，讓人吃不停。

論新派點心，「流沙奶黃包」可謂集萬千寵愛在一身。猶記得小時候，奶黃包不流沙也不金黃，掰開，黃澄澄餡料像奶油又像米糊，半帶奶香。有時我也想知道是何年何月奶黃包都變成流沙，更要愈流愈佳。利小館出品秉承利苑風格，熱呼呼放在手中，一掰，金黃瀉地，流沙而不油，奶香濃郁又帶鹹香，一咬一吸，盡收奶黃汁。肥胖？早拋到九霄雲外。

從前上茶館是件大事，也是件雅事。文人雅士，提著扇，帶籠雀，品茗談論天下事；今天，橫空誕生點心專門店，吃點心，變成快餐文化，也沒有人理會什麼才叫正統點心。

有一次，在某著名點心專門店吃到彈性鮮美皆欠奉的蝦餃，而旁邊來自五湖四海的觀光客，順手把「海量」辣椒醬，一股腦兒加到蝦餃和排骨飯同吃，看在眼裡，痛在心裡。

如果能把精巧點心傳至海外，讓五湖四海旅客紛紛慕名造訪，這的確把點心發揚光大；反之，粗製濫造，頂著名氣讓旅客以為濫竽充數就是點心真貌，這叫，有辱國體。

【店家資訊】

■ 新同樂魚翅酒家
地址：尖沙咀彌敦道132號美麗華商場4樓D號舖
電話：(852) 2152-1417
營業時間：週一至日11：30～15：00、18：00～23：00

地址：中環士丹利街13號地舖
電話：(852) 2807-2290
營業時間：週一至日11：30～15：30、18：00～22：00
(點心只於早午市供應)

■ 利小館
地址：銅鑼灣勿地臣街1號時代廣場地庫2層B217-B218號舖
電話：(852) 2602-8283
營業時間：週一至日11：00～23：00

下午茶‧男女大不同

下午茶，這名字沒什麼特別，也不會讓人產生什麼遐想。然而，只要沾點西洋風，改稱「Afternoon Tea」，立時風靡萬千少女。

根據個人非正式調查，我還沒遇過半個女生不為下午茶，呀，應該說英式下午茶著迷。一問到妳喜歡Afternoon Tea嗎？雙眼立時放光。在社交網站貼上三層架照片，隨便也搏得幾百個讚。我有問過女生，其實妳們吃架還是吃茶點？換來怒目一雙，還鄙視我「不解溫柔」。

經過我深入查證，發現女生迷戀英式下午茶，某程度跟「麻甩佬」天天想中六合彩一般，總帶點非現實幻想，渴望當半天英式貴族。

英式下午茶實源起於法國路易十四，直到十八世紀傳入英國宮廷，並於十九世紀因著工業革命帶來各種社會問題，英女皇故特准把「下午茶文化」傳入民間，同時大力於國內培植茶葉，才使得舊時王謝堂前燕，飛入尋常百姓家。

從前開茶會就是財力炫耀，不單茶葉，就連砂糖也是罕有之物。從精巧茶具到室內裝潢、沙發設計，還有庭園修整，通通都是下午茶配套，這才叫Afternoon Tea。

如果說十六世紀貴族和現今女生最一脈相承的，該是那顆炫耀心態吧。若你問她們，英式下午茶讓她們最期待的是什麼？我想，心照不宣的答案該是打扮得漂漂亮亮，然後等待三層架送上來，左拍右拍，把三層架和點心當成最佳道具，便算功德圓滿。

其實，下午茶，講究的是一種氛圍。

必須先看天做人，風和日麗才是午後一杯茶的最佳陪襯。風急雨勁的話，還是留在安全地方好了。看完天，更要看心情，最好挑個平日休假的下午去喝下午茶，將惱人之事通通拋到九霄雲外，平日下午，也不怕遇上假日的人山人海。如果下午茶變成限時限刻，甚或店門口塞滿一條審視又期盼你離開騰出座位的人龍，什麼雅興都給毀了。

天時地利人和俱備，我最愛來「文華東方」喝個下午茶，解解煩憂。先前文華東方酒店被著名網站評為全球最佳酒店，這美名真是實至名歸。從踏進酒店大門開始，不難感覺到中西文化融匯之美。而位於閣樓的「快船廊」，更以英式下午茶聞名，狹長走道兩旁放置寬敞又舒適的沙發卡座，溫暖的陽光透過玻璃一頭倒下來，遠眺維港景色，真是舒坦。

任市場怎變，連泰式下午茶也可以放上三層架，文華東方依舊只賣一款傳統下午茶。銀製茶具不花巧，卻最能表現英式傳統韻味。我最愛來杯伯爵茶，茶才剛碰到白骨瓷茶杯，幽香便撲鼻而來。茶香細緻，茶體順滑細緻，呷一口，甘醇悠長。

先來口Scone（司康）吧。不論按禮節該先吃鹹還是甜，我都抵擋不了熱騰騰Scone的美味。吃Scone，必配白皙細滑的Clotted cream（凝脂奶油）。有時不得不讚英國人，

究竟這個三層架是用來置茶點還是用來吃，實難理解，但我深信如果下午茶少了這個像聖物般的三層架，我想，一定像落入凡塵的天使，失卻光環。不用看遠，城中某店曾為玩味，推出沒三層架的「Low Tea」，才一陣子，便消失於市場巨掌之中。

原本只為了減省浪費，把鮮牛奶隔水蒸煮再冷卻，製成易於貯藏的Clotted cream，搖身一變就成為下午茶的骨幹，平白為這白奶油添上華貴光環。質感細滑而極富奶香，配上厚實鬆軟的Scone，還欠的該只是一抹甜膩芳香。

於文華，有時我也搞不清是為了玫瑰果醬吃Scone？還是為了Scone吃玫瑰果醬？這果醬橘紅得微微發亮，濃稠得糾結於湯匙之中。這抹紅，像胭脂為白皙無瑕的Clotted cream添上色彩，紅白相間，煞是好看。玫瑰芳香醉人，甜豔回甘，美味得連骨頭都酥軟，幾乎可以幻想到有多少落紅為食客化成這縷芳魂。清酸的草莓果香與Scone搭配得實在天衣無縫，別想太多，此刻最希望的還是多來一口吧！

甜膩過後，最好來點清新爽口之物換換風貌。頂層Finger Sandwiches（手指三文治）特意切成細長手指狀，以便上古貴族不用張開血盆大口品嚐，而眾多三文治款式中，青瓜（小黃瓜）更帶種浮華盡去的況味。今時今日，青瓜早成為家常菜蔬，但於古時，青瓜卻是稀有之物，一塊青瓜三文治，盡顯財力。鬆軟麵包夾著清爽青瓜，剛好清清味蕾，以為下一道作準備。

如果來到文華，沒吃這道芝士蛋糕，等於白來了。這芝士蛋糕不叫什麼紐約芝士蛋糕，或是任何奇怪名字，直接把「文華」這幾十年老號名字押上——Mandarin Cheese Cake。蛋糕如絲般滑，甫接觸到舌頭，便細細融化成縷縷奶香，大口吃下，藍莓清酸怡人，像陣夏日忽爾吹過的涼風，涼透心坎。

就這樣，呷呷茶，吃件餅，看看風景，一個下午就浮華而過。我認同，若不是貴族，若不是貴婦，這等奢華就有如水過鴨背，不留痕跡。像我這種大男生，準確是「麻甩佬」，草根基因早透骨蝕筋，英式下午茶？直接來份三文治更過癮吧！

▪▪▪

如果英式下午茶講究的是一種氛圍，港式下午茶講究的就是一份愁緒，一份從惱人工作中逃離，喘口氣的慾望。

有時候我會想，下午茶跟加班壓根兒是雙生兒。午後，吃過午餐才不過一、兩個小時，怎麼又來份下午茶？但轉念，今晚隨時加班到天荒地老，眼前像妖魔鬼怪的「五年大計計劃書」，還是先撒手不管，逃得一時就一時吧！

如果能吃一份「澳牛蛋治烘底」作為下午茶，加班加到天荒地老也心甘情願吧！人稱「澳牛」的澳洲牛奶公司，印象中跟澳洲沒半點關係，不過，在民風未開的六、七十年代，媚外便是大道理，冠上澳洲之名只為沾點放洋風。到今日，早沒有食客過問牛奶是不是澳洲而來，更因為人人皆知，來澳牛，吃炒蛋才是正經事。

任你點ABCD常餐、午餐、營養餐，配餐那份炒蛋永遠最讓人著迷；但同時讓人頭痛，除了炒蛋，意粉、麵包、飲料，全都乏善可陳。可以淨吃炒蛋嗎？可以，來份蛋治吧！多士烘得熱呼呼，足有寸許厚的炒蛋，單是看，就叫人心醉。大口咬開，多士咔嚓斷裂，炒蛋看似平凡，實嫩滑不已，更濃香馥郁。什麼日本蛋、法國蛋、泰國蛋都被這本地蛋比下去，有時會納罕，究竟施了什麼魔法，炒蛋也可弄至這般出神入化？如果說這是全球最美味的蛋治，我想一點也不誇張。

吃過這份蛋治，沒十成，也有九成充滿電，十元八塊美味，於我，彷彿比幾百個大洋的英式下午茶更受用。但老實說，腦海中，吃英式下午茶次數比澳牛多，原因，還不是為了陪女生。

看看香港三層架成行成市，便知男女從沒平等過。

【店家資訊】

■ 快船廊
地址：中環干諾道中5號香港文華東方酒店閣樓
電話：(852) 2825-4007
營業時間：下午茶時段14：30～17：30（敬請預約）

■ 澳洲牛奶公司
地址：佐敦白加士街47-49號地下
電話：(852) 2730-1356
營業時間：週一至三、五至日07：30～23：00（逢週四公休）

正牌本土香港菜

香港菜，是個籠統又複雜的名詞。

若說粵菜、點心等於香港菜，也未免把歷史一頁泯沒於時間洪流之中；反過來，一眾小吃，像魚蛋、牛雜、豬腸粉，的確香港獨有，更土生土長孕育於香港，但香港菜若只流於街邊小吃層面，實有點以偏概全。

要說香港菜，不如先談談香港。

也許不少人以為，談香港便該從英國水兵踏足香港第一天談起，然後細數香港往後幾十年，從小漁村變成金融中心翻天覆地的巨變。然而，那不過是香港故事起承轉合中的「承」和「轉」，若說故事的「起」，該從一幀《阿群帶路圖》談起。

《阿群帶路圖》早於網上流傳，作者不詳，在港英殖民時代被廣泛使用，更見於早年香港旗織和警隊徵章。此圖熟真熟假，難以猜測，但肯定記綠了早年英國水兵登陸香港時，於碼頭遇上香港原居民陳群，引路至香港島北部的故事。從阿群帶路起算，歷時幾十年，不少移民流入香港，有西方來港北望尋金，也有從神州南下大逃港，華洋共處，海納百川，名叫香港人，但跟昔日阿群相比，早面目模糊不堪。而名符其實稱得上本土香港菜，也只有阿群那種香港原居民日吃夜吃的家常風味。

把家常風味搬上大檯，香港，幸好還有梁文韜一人。人稱「韜韜」，渾身上下圓胖胖，像鑼大的肚腩更是他的標記。一頭短銀花白髮，面圓、臉頰帶點不知是胖或老所致的鬆弛。走路一擺一擺，短短幾步路，豆大的汗如雨水沾滿額，真替他擔心身體不知還能撐幾年。縱然如此，他還是一早一晚到幾家「大榮華酒家」巡察業務，跟食客聊聊天，與食客拍拍照，他也深知，自己就是大榮華活招牌，而大榮華更是他一生心血。

韜韜，十九歲學廚於大榮華，幾十年與大榮華一起成長，盡得「圍村菜」精髓。所謂圍村菜，比英國水兵更早於香港出現，孕育於香港，土生土長，到今天，終於由韜韜發揚光大。

之所以落至「遲來的春天」局面，只怪圍村菜壓根兒不能說不精巧，該直說粗疏。炒個菜，蒸條魚，連調味也以簡單為主，主打的只有一個理念——不時不吃。圍村呀，今天我們才羨慕原居民有田有地，早在幾十年前，那片荒野我們叫鄉下，伴隨一陣牛屎味。圍村菜，就按四時氣候，順手拈來，靠山吃山，靠海吃海，夏天吃自家種的一瓢瓜，冬天採收兩條窗前風乾臘味，吃的，就一份濃情。

大榮華，落到韜韜手中，秉承傳統圍村菜精神。餐牌除幾款客人最愛主打外，幾乎每三個月便改變菜式，以應天氣和四時食材收成。近百款菜式，通通劃一價，深受食客支持。記得韜韜說過：「有賺多，有賺少，最重要的是吃得開心和記得圍村菜。」

如果談圍村菜，怎能不談一尾「烏頭魚」。烏頭，從來不是貴價魚，更有不少年輕人被劣質貨嚇怕，大喊：「淡水魚都有泥味。」大榮華只以元朗本土烏頭入饌，沒丁點泥味。元朗烏頭得天獨厚，近深圳河，鹹淡水交界，養成的烏頭品質特別好。而且飼養烏頭時要不斷追趕，強迫於塘裡四處游，肉才夠實夠肥。一翻開，泛起片片金黃，上品。

不用複雜調味，簡單與鹹檸檬同蒸，已夠滋味無窮。魚肉結實，片片甘香；鹹檸檬自家醃製，酸香怡人，跟烏頭油香乃天作之合。誰說烏頭不好吃？誰說烏頭只有做成潮州魚飯方為上品？

⁝

雞，從前對圍村人來說是珍貴之物，不到大時大節，不會殺雞慶賀，但今天，隨時隨地都可以在大榮華品嚐這味「圍頭五味雞」。五味，指五種不同香料，包括花椒、八角、草果、桔皮和桂皮，而韜韜為彌補現今多以化學飼料養雞，以致雞肉不及昔日圍村農家嫩滑的缺點，特別多加丁香、小茴香、甘草、月桂葉等香料，以補不足。貌似尋常豉油雞，一啖便嚐盡層次複雜的香料香氣，而且肉嫩多汁，實難想像這雞只賣不到一百大洋。

除了保存圍村菜味道，大榮華更保留圍村菜一份濃情。一道「炒長遠」，道盡圍村菜情誼。所謂長遠，實乃粉絲。古時不少圍村人都離鄉背井，遠走城市打工讀書，臨行前總會吃上這道炒長遠，寓意縱路途遙遠，但這份鄉情像粉絲一樣，綿延不斷，牽掛兩頭。更不時加入銀蝦，取其遊（游）子之意。圍村情，含蓄，盡在不言中。

今天一味桂花炒長遠，沒半點離鄉背井的傷感，更吃得人人心滿意足。桂花，即蛋碎，必須炒至絮絮如桂花雨下，漫天金黃，才能擔起此美名。粉絲，入過廚房就知，一炒即黏鍋，能炒至乾爽而不糊，是功力。邊吃，邊佩服韜韜不單力保舊日鄉土情，更改良至盡善盡美。

圍村菜，怎會少一口米飯？早期圍村生活，勤儉簡樸，粗茶淡飯。不單看天做人，有口米飯裹腹，已算萬幸。能於米飯上，灑把豬油，便是最好的天然調味。抓著精髓，將豬油撈飯改良，是把這農家食傳承的良方。米飯，以瓦缽原缽蒸香，瓦缽傳熱佳、透氣好，米飯蒸得顆顆軟糯。棄豬油，用上更香、更細膩的燒豬油，這燒豬油是從大榮華天天燒製

若不是人稱「韜韜」的梁文韜，把圍村菜發揚光大，也許，烏頭、炒長遠、五味雞等本土風味，像自由一樣，一點一點泯沒於獻媚的香港人手中。

燒臘的爐火前，一滴一滴收集而成。一缽飯，幾滴豬油，再加一匙頭抽，從前說豉油撈飯是窮人恩物，今天，這口集羶香、豉油香於一身的米飯，好吃到捨不得吞下去。

這道馬拉糕，雖與圍村菜無關，但卻是大榮華名物，更直可堪稱全香港最好吃的馬拉糕。一般馬拉糕簡單以麵粉、糖、雞蛋，搓粉後入爐蒸成，但韜韜則用上西式糕點手法，馬拉糕分成三層，上下兩層馬拉糕軟滑又富蛋香，中間奶黃餡鹹香細緻。一吃，就該停不了。雖與圍村菜無關，但作為「魚餌」，把新一代「釣」進來，好好品味一趟圍村菜，也是件美事。

吃著大榮華出品的菜餚，每口都令人感動直上心頭。五味雞，啖啖香氣；烏頭魚，甘香肉甜；炒長遠，乾爽彈牙；這三道菜，論賣相，可算不堪；論味道，樸實無華；論精巧，堪稱家常，但這三道菜確確實實記下香港土生土長的一頁。

有時會想，若不是韜韜恰巧上電視做了幾個節目，圍村菜會發揚光大嗎？圍村菜能保存到今天嗎？還是圍村菜會繼續「安份守己」，只存活於圍村之內？當然，這是個「倒果為因」的問題，也許，沒了韜韜，圍村菜會更蜚聲國際，也許更成為國際潮流。起碼，我認為以「不時不食」作大原則，最簡單技法為根柢的圍村菜，比起分子料理等，更符合未來以儉樸為主的飲食大潮流。

已過百年，我們還記得阿群引路，更於書本留下香港開埠歷史一頁；再過百年，不知我們還能否吃到每晚炊煙冒起，由阿群主理的簡樸勤儉香港本土菜。

【店家資訊】

■ 大榮華酒樓

地址：元朗安寧路2-6號2樓

電話：(852) 2476-9888

營業時間：週一至日06：45～23：30

■ 大榮華圍村菜

地址：九龍灣宏開道8號其士商業中心1樓2號舖

電話：(852) 2148-7773

地址：灣仔史釗域道1號地下及1樓

電話：(852) 2511-1663

營業時間：週一至日11：00～23：00（圍村菜式主要於晚市供應）

美食樂園

還記得史提芬周嗎？

對，我是說電影《食神》裡的史提芬周。從崇高無比的飲食壇領導人，跌落凡間成為過街老鼠，三餐不繼。幾經轉折，翻身再翻身，更於少林寺學有所成，一爭食神之位。爭霸戰之中，連連不利，最後關頭將所有食材毀於一旦。驀然回首，美食真諦不在食材名貴，只在乎用心。回想起火雞姐雪中送炭的一碗叉蛋飯，黯然銷魂，感動人心。

電影如此，現實也如此。我一直以為食物無分高下貴賤，用心就能烹調出絕頂美味。出入高級餐廳不等於身分高人一等，菜式名貴，用料上乘，好吃是基本要求，往往驚喜欠奉。反而街邊茶記，事事用心，從小處著眼，教人特別窩心。

一碗粉麵，一塊豬排，一口雪菜，也可以勝過鮑參翅肚。

「樂園」於九龍城屹立超過五十年，像不少名號入店前一樣，於街邊感受好天曬、落雨淋的「風花雪月」。想不到的是，一直穩紮穩打的街邊檔，被「招安」至九龍城街市頂樓熟食中心後，全賴幾位名食家推介，近幾年更成為炙手可熱的食店。

其中，店內一片由蔡瀾題字的橫扁「勝過鮑參翅肚」，更成為飲食界佳話。

佳話可以傳頌一時，而一傳十、十傳百的口碑，才是實而不華的實力見證。

有幸於九龍區上班，那天那日，興之所至想回味樂園的美味，便花幾十個大洋，於午飯時打的（注：搭乘計程車）殺到九龍城街市，一解食癮。香港熟食中心格局千篇一律，簡單於檔前揚出十張八張方桌，便叫一店了。沒服務沒帶位，自動自發找好位子，便揚手默念幾道吃了過百遍的美食。

茶檔，怎能缺一杯奶茶。一般港式絲襪奶茶以熱奶茶為佳，但於樂園則人人為一杯奶茶冰而來，也就是這裡破格又有趣的「奶茶紅豆冰」。紅豆冰與凍奶茶，一甜膩、一甘醇，各不相干，也真不知是誰創立這美味。樂園只挑揀天津紅豆，粒粒渾圓飽滿，自家熬煮至香甜軟糯，先舀一勺沉到杯底，再加淡奶和紅茶，一杯集甘醇與甜膩於一身的奶茶紅豆冰就完成了。一口奶茶，一口紅豆，實在滿足無比。

不愛凍飲嗎？就來杯「熱鴛鴦」吧！鴛鴦，饒有詩意的名字，卻完全展露香港人不拘一格的精神。奶茶，醇香悠長；咖啡，香濃提神，也應該只有香港人才這麼貪心，渴望一次嚐盡兩個願望。鴛鴦，講究一份美妙平衡，奶茶多一分，嫌不夠香濃；咖啡多一分，則沒法如絲般滑。每家店都有祕而不宣的調配祕方，於樂園，就別想太多，安心捧著這杯熱鴛鴦，好好品嚐奶茶「撞」咖啡，世上獨有的香氣，真的「只羨鴛鴦，不羨仙」。

有國外朋友問我，怎麼香港人特別愛吃公仔麵？其實公仔麵文化早蝕筋透骨，香港人習慣於早午晚宵夜，均可來碗公仔麵作為主糧。三餐中，尤以早餐最常發現公仔麵芳蹤。一碗「沙嗲牛肉公仔麵」，香濃芬芳，一下子把睡意通通驅走。同是沙嗲牛肉，坊間多以罐頭貨上檯，千篇一律，而樂園則不怕麻煩也不計成本，用上新鮮牛肉，再以自家調配沙嗲醬炒成香噴噴的沙嗲牛肉。肉香而味濃，新鮮牛肉的韌度不經意撩動人心。有不明究理的客人還詫異怎麼這裡的牛肉特別韌？也許是我們被「科學化」牛肉餵養太久，都久違了新鮮牛肉真味。

要說樂園有名和有趣菜式，焉能不數這道「雪菜肉絲炒米粉」。有趣，在於從前每週一至六全天候應市，後來只於平日供應，到今天，再縮減成只有二、四與食客「聚頭」。一粉難求，全因炒製需時，米粉煮開後，再混入自家鮮製雪菜絲、蛋絲、椰菜絲、肉絲和午餐肉等材料，於鐵板一下一下地炒，將粉絲炒至不油不膩，鬆散又富彈性，條條充滿生命力，是功夫，是經驗，更是心機之作。

於樂園，你不會吃到什麼珍饈百味，但凡事總為食客多做一點點。沙嗲牛肉，用上新鮮牛肉；紅豆，顆顆碩大飽滿；雪菜，自家新鮮醃製；西多士，敢以牛肉入饌，更細心換上煉乳，減甜加香。這麼一顆為食客多做一步的心，真的勝過鮑參翅肚。

尋常一道家常炒米粉，平凡中見真功夫，米粉香夾滑，肉絲、雪菜絲散發的肉香與鹹香，為米粉帶來陣陣光彩，而椰菜的清爽剛好又多添一重口感，一切都恰到好處。每每吃著這道炒米粉，就覺無比感動，轉念想，於美食我們還在追求什麼？反觀香港飲食長河，甚有一種漸漸離古斷源之貌，縱然懷古，往往更不過徒具昔日浮華。隨便湊合舊日傢俱陳設，便引得一眾年輕人高呼「懷舊萬歲」；又或是把廣東麵加入慢煮元素，連烚菜（注：以白水汆燙蔬菜）也用火鎗炙一下，添幾顆分子料理星光，然後雜誌報紙大作文章說：「廣東麵，也該以分子料理為新出路。」

文明，是當代的浮華盛世，種種民風物候；文化，是經年累月的文明，受時間長河洗刷而結成的纍纍果實。不諱言，傳統飲食文化，正一點一滴流失於我輩之手。如果辯說都是市場發展使然，文明進步，總有繁花落下；那麼，倒不如說我們「助紂為虐」，以市場大旗為名，一手斬斷文化源流。新一輩早忘記美食之真諦，浮華是好，舶來品更趨之若鶩，像樂園炒米粉這種實而不華的美食，卻嗤之以鼻。我認同剛離開的也斯老師之語：「盲從保護老店也未必好，昔日往往只懂因循守舊。」然而，看到現今迷失的香港，不禁心痛。

究竟什麼時候才能「黯然銷魂」，像史提芬周一般，以一碗叉蛋飯，或一碟雪菜肉絲炒米粉，喚醒眾生。

■ 樂園

地址：九龍城九龍城市政大廈3樓6號舖

電話：（852）2382-3367

營業時間：週一至五07：30～16：00，週六及公眾假期07：30～14：30（週日公休）

一脈相承，嶺南食韻

早陣子在報紙讀到一篇談及傳統粵菜的訪談，主角是「太史五蛇羹」創始人江太史孫女江獻珠之首徒；大師姐，字裡行間不免惋惜傳統粵菜地位日漸沒落，新一代不欣賞也不了解，而且不少昔日名菜更屬「瀕危絕種」。就像「戈渣」，別說吃，不少新一代連聽都沒聽過這道以北方菜為藍本，音從「鍋炸」的巧手菜。熬好高湯再混入麵粉，製作成半凝固狀炸香，濃鮮燙口。這菜早於香港銷聲匿跡，然而於臺灣夜市，取「糕渣」之名，以小吃形式闖出名堂。

一份滄涼，莫名而生。

又有誰想到今天於香港落得要大呼「保育」的粵菜，曾在香港有過一段花樣年華。

也許有人質疑，粵菜怎不以廣州為先驅？香港，一個不中不西半唐番之地，焉能挑起粵菜大旗？

因緣際會，香港地理和政治獨特性註定為嶺南美食延續這點血脈。自清末英國看上香港這小漁港，命運便起了翻天覆地之變化。政治獨立於中國，地理卻相依相鄰，民風物候，東西混雜，罕見於全球。也自清末起，中國戰亂綿綿，民國初年軍閥割據，到一、二次世界大戰，再到國共內戰，造就出一段又一段華貴門第為避戰火，扶老攜幼連同廚子傭人，落難香港的悲傷往事。如同上述的江太史，正是於二次大戰流落香港。

家眷帶來傳統粵菜眼光，家廚身懷十八般武藝，幾場戰亂，把傳統粵菜技法和精髓連根移植到香港，但要百花齊放，還缺些養份和肥料。七、八十年代的文化大革命和大逃港，成千上萬的內地移民，為香港注入正缺乏的廉價勞動力。乘著八、九十年代香港經濟起飛，這批從前三餐不繼的低下階層，一一因著地產和金融業暢旺，個個「穿金戴銀」，對吃自然也更有要求。魚翅撈飯、堂灼海螺片、古法扣乾鮑，反正千金散盡，一眨眼又回來。目睹海量需求，大量餐廳酒樓應運而生，粵菜也被這批「暴發戶」催迫出劃時代繁華。

粵菜，被冠名中國八大菜系之一，包含廣東菜、潮州菜和客家菜。依我看，是其中最低調的菜系。像魯菜中的京菜，孕育於官府之地，就看一味羊蠍子，整條羊脊骨入饌，講究氣度派場；而蘇菜中的淮揚菜，重刀工賣相，一道文思豆腐羹，豆腐切得如絲如髮，甫上場便先聲奪人；又例如湘菜，生於火爐之地，重酸重辣，吃得一頭大汗，去濕除病；如要一語道破粵菜精髓，一字記之曰鮮。

廣東地區，上古稱為南蠻之地，但經過五代十國和南北朝的文化融合，早跟「野蠻」沾不上邊，反之，沿海氣候溫和，終年不結霜雪，民豐物饒，鮮肉、海鮮、大米，唾手可得，從而孕育出講究呈現食材原汁原味，以鮮為先的粵菜精神。

看過一個飲食節目，西方某名廚來訪香港，以美食作交流，視為另一次「東遊記」。有趣的是節目尾聲，名廚細細分享這趟東遊記後感，不禁直嘆：「中國菜（應該是粵菜）真讓人摸不著頭腦，來來去去幾種調味，像生抽、老抽、鹽、糖，也幾乎道道只用上蔥、蒜、薑，卻可以調和出千變萬化的味道。」萬變不離其宗的幾款調味，全仗食材新鮮，各自迸發出獨特多變的味道，這就是粵菜精髓。

■■■

說實話，粵菜博大精深，如想於一、兩頓飯之間一窺全貌，實有如坐井觀天，但要一啖粵菜之風韻精神，「陸羽茶室」是個不二之選。

陸羽茶室屹立香港逾八十年，可謂見證著香港飲食業幾段興衰。七十年代，從舊址搬到今天士丹利街，裝潢陳設與舊日沒兩樣，古色古香，推開大門，彷如走進時光隧道。當然，最讓人感受到舊日氣氛，莫過於侍應的「嘴臉」。

談粵菜，怎能不談一口湯。廣東一帶，人稱嶺南之地，每到夏天，雖不及內陸火爐炎熱，但濕熱之苦也讓人難當。由此，發展出一套獨特湯水文化，配合四時氣候，去濕養身。而廣東湯，首重火候，故又有「老火湯」之稱。

於陸羽茶室，想領會老火湯藝術，來一碗「杏汁燉白肺湯」吧！所謂白肺，即豬肺，能稱得上「白」，全賴專人清洗新鮮豬肺，先泡再沖，再泡再洗，功夫繁複不堪，

傳統粵菜於現代人眼中，可謂「多餘」。吃雞、吃糯米，要兩者融合為一，還要捨易取難，糯米鑲入去骨原隻雞肉之中；湯，要熬煮數小時，只為一口濃甜。不過，「多餘」兩字又正好包含這份奢侈。傳統粵菜，就是精巧，更是奢華之作。

豬肺血污才能悉數去除。然後配上菜膽等十數種材料，以文火熬燉數小時，上桌前，鮮磨杏汁，呈現最濃郁香氣。甫開蓋，杏香滿室，湯底濃稠不已，就一口，鮮香得讓人拜服。古時廣東人認為燉煮後，精華盡融於湯底，一貫只喝湯不吃料；但今天人人也知喝湯又吃料才盡得營養。這豬肺燉得軟嫩甘香，簡單蘸點醬油，美味絕頂。

粵菜另一精妙之處在於物盡其用，不單愛以內臟入饌，連平白一塊豬脂肪也可以為菜餚畫龍點睛。「網油鯪魚卷」，看名字就知用上豬網油。豬網油，即豬腹部連著腸臟的一片網狀脂肪。鯪魚起肉後，細切成茸，加入臘味粒再猛打成膠，以網油捲起魚肉後，炸至甘香。這道菜說難不難，但還願意依循古法，不理健康風潮，我行我素以豬油香緊緊包裹彈牙鮮美的鯪魚肉，實在只剩下陸羽一店。

傳統廣東菜也講究刀工項目，這道「糯米雞」就是一例。這裡談的不是點心糯米包雞的糯米雞，反之，是雞包糯米飯。整隻新鮮雞先以小刀去骨，去骨事小，皮不穿破才叫精妙，再把炒香糯米飯塞入雞皮之中，保持原形，風乾再淋油炸香。臘味糯米飯本身已夠甘香軟糯，再吸盡雞油之豐腴鮮美，是道集精巧和美味於一身的傳統菜餚。

若說陸羽包攬所有粵菜精采菜餚，未免太武斷，也未免太小看粵菜在香港開枝散業的盛況，正所謂「爛船也有三斤釘」，像於新蒲崗以傳統燒臘手工菜打響名堂的「得龍」，正展現粵菜的另一頁絕代芳華。

得龍，雖超過五十年歷史，但一九九八年前，乘著舊機場之便，過著「財源滾滾來」的舒服日子。隨著舊機場「熄燈」，新蒲崗立時進入經濟寒冬。為守父業，也為酒樓上上下下幾十個家庭的生計，老闆試過以電單車送外賣，也試過推出港幣七十元任飲任食促銷，跌跌撞撞走過八年光景，樓賣過，車賣過，還有什麼出路？

老闆與師傅商討，決定要為得龍找出屬於自己的路。最後決定「人棄我取」，以燒臘手工菜作招牌菜。這口手工菜，是從絕境「迫」出來的。

先說「金錢雞」，雖稱作雞，卻與雞完全沾不上邊，實乃四層餡料堆疊而成，底層豬膘肉以砂糖、玫瑰露酒醃上近一星期，才變得晶瑩剔透，配得上「冰肉」美名；中間夾入新鮮雞肝，以蜜糖燒香，微焦又甘香；頂層一片瘦叉燒，肉嫩香甜。這三層皆切成圓形，再於瘦叉燒之上補一片四方子薑。這金錢雞，便形神俱備了。像西方漢堡包一樣，一口咬到底，叉燒肉香，雞肝甘腴，冰肉爽脆，還有那麼一點點的微辣，清爽點題，這金錢雞的滋味和質感，是沒有任何一道菜能媲美。

像孿生兒一樣，看到金錢雞就想起「鴨腳包」，兩者材料相去無幾，但如同唯靈說過：「在酒徒眼中，鴨腳包永遠比金錢雞高上一籌。」稍勝全在於更複雜的層次口感。鴨腳包，顧名思義，以鴨腳為主軸，再加入一條芋頭、一條半肥叉燒、一塊雞肝，再以鮮雞腸紮好，掃上蜜糖燒至金黃香噴。於酒徒心中，一件鴨腳包，可以啖盡芋頭甘香、雞肝豐腴、叉燒肉甜，以及雞腸香甜煙韌，還可以啜啃鴨腳骨，再來二兩「孖蒸」（注：米酒的一種），夫復何求。

到今天，鴨腳包當然不只是酒徒的「浪漫」，任你和我也可以來件鴨腳包，一口啖盡粵菜精華，為求物盡其用，把燒臘檯下欄菜，透過巧手，化為件件上古風流。彷彿，歷史也盡付觥籌交錯間。

幾年間，得龍把傳統粵菜做得有聲有色，除金錢雞、鴨腳包，還有太爺雞、生楂咕嚕肉，差不多更成為這幾道菜的代言人。縱後來者眾，但想起金錢雞，得龍，還是第一時間會湧現的名字。

這是件諷刺不過的事，人人說傳統粵菜日漸式微，但這條絕境中「迫」出來的路，救活了得龍，更掀起一陣懷古風潮。但轉念再想，潮流不免隨時代更迭，今天懷古，明天也可以說老土，而且，「貪新忘舊」壓根兒是香港人的基因。

那麼，究竟傳統粵菜出路又在哪？

金雞錢，沒有雞；鴨腳包，不是包。這種又真又假、韻味十足的名字，也是粵菜的一種精髓。意境與韻味，是食材味道以外的另一種況味。沒些閒情逸致，真的吃不出箇中神韻。

【店家資訊】

■ **陸羽茶室**

地址：中環士丹利街24號地下至3樓

電話：(852) 2523-5464

營業時間：週一至日07：00～22：00（傳統巧手菜需預訂）

■ **得龍大飯店**

地址：新蒲崗康強街25-29號地下

電話：(852) 2320-7020／2322-3783

營業時間：週一至日06：00～00：00

承先啟後，為粵菜謀出路

香港因為獨特地理位置和政治因素，海納百川接收不少神州華貴和低下勞動力，伴隨經濟起飛，因緣際會成為粵菜傳承地。可惜，文化變異，時代更迭，今天香港粵菜地位日漸頹唐。早幾天才跟朋友同事談到幾道上古巧手，先不說認識與否，單是那種對古老粵菜嗤之以鼻的嘴臉，不禁讓人沮喪。

自英國接管香港開始，昔日小漁港便註定踏上華洋共處的大都會之路。單以飲食立論，香港於西洋菜系之發展，遠比亞洲其他地區早起步，原因無他，有需求自然有供應。慢慢地，我們不中不西，自詡為「香港人」的新一代，對西洋菜系習以為常，對傳統中菜也不帶半點懷古情懷。

粵菜沒落或多或少也與舶來品東來帶點關係。年輕一代，事事講快、講直接，講觀感享受，西餐，不單賣相精緻，更平白泛起一陣「放洋風」，媚外是難免的了。只能怪粵菜講細味、講心機，賣相平凡不在話下；份量往往只為飲宴而設，與現今三五知己或兩口子飯局，可謂絕緣；甚且不少菜餚以如今被視為洪水猛獸的內臟入饌，命中註定跟重視健康飲食的大潮流無法接軌。

幸好，危與機就像光與影，總形影不離。

水深港闊是我們小學時代的常識，若不是這點，英國人焉會看中這無名漁村。貿易、轉運，幾十年跟香港共生共存，透過空運、海運，不論遠洋輪船還是神州貨輪，不約而同將各種船來品載至香港，敢說，香港食材，華洋共處卻又百花齊放。

雲集東西方食材，不中不西的個性，種種皆成為改良粵菜的一帖良藥。

能稱得上新派粵菜，自然有別於傳統一路，上文談過傳統粵菜講心機花功夫，而新派則抓緊傳統精髓，糅合時代變遷軌道，發展出不失風韻又別樹一格的新菜式。

像「海景軒」，名氣雖不及一眾老派粵菜菜館，頂上米其林星星光芒也比城中名店暗淡，但老饕就知其中幾道巧手，不單城中獨有，更破舊立新。

海景軒早幾年不算活躍於飲食壇，直至掌廚人梁輝雄師傅於各大比賽，創製出不少破格精巧，這些繼往開來的新菜式，籠絡不少饕口舌頭，始出人頭地。

就一味「萬壽果牛肋肉」，盡顯心思和功架。於上古粵菜中早有配合四時氣候以水果入饌之菜式，不單生色，更多添一抹清新風雅，像「生渣紫蘿咕嚕肉」、「西檸雞」等，都是傳統代表作。然而，懂得以木瓜天然酵素分解肉類韌性，使原來又硬又韌的牛肋肉，立時鬆軟甘香，更帶點木瓜香甜清新之氣，這味菜，絕對是結合上古以水果入饌風韻和現代智識的精華之作。天然牛肉，天然酵素，坊間以鬆肉粉製作的妖邪之味，通通給我靠邊站。

傳統粵菜有時不免只顧味道而忘卻賣相，有時候人總是膚淺，賣相好，未吃就先聲奪人。這道「酥香蛋黃肉」，提取客家農家菜——蛋黃肉精髓，改頭換面，做成這道佳餚。整顆鹹蛋黃釀入五花腩之中，肥肉、精肉層層相間之餘，鹹蛋黃絲絲溢出金黃油脂，賣相已教人口水直流；五花腩先蒸後炸，上桌前再澆上一勺甜酸汁，醒胃又解膩，肥肉加上蛋黃，你問我膽固醇？我答你吃完再算吧！

一味「欖菜玉珠」，絕對繼往開來。第一次造訪海景軒的朋友，無不為這道菜譁然，紛紛讚嘆賣相精緻卓絕。玉珠這名起得真貼切，以整串葡萄上桌，顆顆碧綠生輝，晶瑩剔透，一抹琉璃芡把小綠球弄得閃閃生光，搶眼奪目。把冬瓜去皮挖成小球，做成玉珠，再把玉珠挖空，釀入欖菜提香提味。蒸好勾芡，配上一片以冬瓜皮雕成的葡萄葉，就形神俱備了。心思手工，媲美傳統粵菜；賣相直逼西菜的精雕細琢，難怪，自海景軒一出這味，坊間掀起一陣「葡萄菜」風氣。

除以上三道，海景軒掌廚梁師傅更不時配合四時節氣，像夏天多配瓜菜，圖收清涼之效；冬天則可肆意點，用上時令甘香臘腸、臘肉；新菜式不絕，卻味味都把傳統和創新拿捏得恰到好處。難怪不論老饕或年輕人，均對海景軒讚不絕口。

⋮

若談新派粵菜的不拘一格，又焉能不談一群瘋子所開的「大班樓」。瘋子，實乃一班為美食如痴如醉的退休主廚和資深食評人，眼看香港粵菜多為化學和貪快之途入侵，故決意染指飲食界，開立以食材真味為依歸，不加味精、不用化學調味的餐館，讓食客能嚐一夜大班風流。

就在九如坊盡頭的大班樓，遠遠就感受到一種懷古風。樓高兩層，巨型招牌不禁讓人想起電影《功夫》中五、六十年代的豬籠城寨。店內陳設雖簡單，但每位侍應皆以筆挺黑西裝亮相登場，食客彷彿真的成了大班。

大班樓全以新鮮食材入饌，寧可自家熬製高湯雞汁，也不添加任何化學調味，醬油也只選上乘頭抽，一切不計成本，只盼能重演上古飲食風韻。同時，大班樓不拘泥小節，不抱殘守缺，只要好吃，什麼西方食材，改良昔日食譜，敢作敢為。

就像這一味「酥炸獅頭魚」，原本不過是道簡單小吃，獅頭魚整條炸至金黃通透，魚肉仍維持鮮肉，而整條魚酥脆得連魚骨都可一併吞下。這味菜看似簡單，實乃糅合東

新一代未必能懂得傳統粵菜中的精魂，那麼，為傳統粵菜改革便是條出路。像海景軒、大班樓，抓住神髓，推陳出新，為粵菜靜靜起革命，讓新一輩覺得粵菜不再「老套」。

西，全靠配襯的義大利黑醋。粵菜，往往最講究一個「和」字。酥炸油膩就配酸香，以作中和。大班樓棄傳統陳醋，換上義大利東來品，果香更濃，略甜而回甘，配魚肉更相得益彰。中菜為體，更不拘一格引入西方食材，有趣。

同是金錢雞，大班樓和得龍可說是並蒂芙蓉，各自芬芳。得龍遵從古法，一絲不荷，重現懷古風味：大班樓出品同樣形神俱備，叉燒、冰肉、雞肝，三者層層相疊。叉燒肉甜，冰肉甘香，黃沙雞肝粉糯回甘，單這一片，盡得神髓。然而，這裡更於金錢雞底下放置半片炸饅頭，像極西方漢堡包，吃上來不覺肥膩，吸盡油香之餘，更添幾分香脆。對新一代來說，這金錢雞無疑變得易入口，沒了直咬肥肉的恐懼，作為入門版，這改良聰明又討好。

乾炒牛河雖司空見慣，但大班樓又來點改良，改成「牛柳邊炒陳村粉」。牛柳邊自然是上乘新鮮貨色，不摻入半點鬆肉粉，逆紋切成薄片，拉油後配上陳村粉同炒。陳村粉跟河粉外貌相像，但口感卻大不同；陳村粉略厚，半透明，吃上來爽滑脆嫩集一身，米香四溢。先以中火煸至微焦，米香盡數釋放，才拌以牛肉和上乘頭抽大火炒香。跟傳統作法相類似，陳村粉比河粉更帶點韌性，實在比傳統更進步。

為傳統粵菜改頭換面，引入西方食材以添風韻，稍作改良提升口感味道，承先啟後開創新菜式，一切種種，若能抓住傳統粵菜精髓，讓年輕人稍稍踏進粵菜之大門，已為粵菜傳承出一分力。

人說有危必有機，如果不是香港人的不中不西，粵菜也未必能注入這一縷新精神靈魂。冀望某天某日，女生會摟著男友，帶點嬌嗔地說：「想不到中餐粵菜，也可以如此精采。」

【店家資訊】

海景軒
地址：尖沙咀麼地道70號海景嘉福酒店B2層
電話：(852) 2731-2883
營業時間：週一至六11：30～22：30，週日10：30～22：30

大班樓
地址：中環九如坊18號地下
電話：(852) 2555-2202
營業時間：週一至日12：00～15：00、18：00～22：30

Style 10

西打哥的尋味香港 從街頭小吃到餐館美饌，品嚐最道地的香港好味！

作　　者——西打哥
責任編輯——曾曉玲

版 權 部——翁靜如、吳亭儀
行銷業務——林彥伶、張倚禎
總 編 輯——何宜珍
總 經 理——彭之琬
發 行 人——何飛鵬

法律顧問——台英國際商務法律事務所　羅明通律師
出　　版——商周出版
　　　　臺北市中山區民生東路二段141號9樓
　　　　電話：(02) 2500-7008　傳真：(02) 2500-7759
　　　　E-mail：bwp.service@cite.com.tw
發　　行——英屬蓋曼群島商家庭傳媒股份有限公司城邦分公司
　　　　臺北市中山區民生東路二段141號2樓
　　　　讀者服務專線：0800-020-299　24小時傳真服務：(02)2517-0999
　　　　讀者服務信箱E-mail：cs@cite.com.tw
劃撥帳號——19833503　戶名：英屬蓋曼群島商家庭傳媒股份有限公司城邦分公司
訂購服務——書虫股份有限公司客服專線：(02)2500-7718；2500-7719
服務時間——週一至週五上午09:30-12:00；下午13:30-17:00
　　　　24小時傳真專線：(02)2500-1990；2500-1991
　　　　劃撥帳號：19863813　戶名：書虫股份有限公司
　　　　E-mail：service@readingclub.com.tw
香港發行所——城邦(香港)出版集團有限公司
　　　　香港灣仔駱克道193號東超商業中心1樓
　　　　電話：(852) 2508 6231傳真：(852) 2578 9337
馬新發行所——城邦(馬新)出版集團
　　　　Cité (M) Sdn. Bhd. (458372U) 11, Jalan 30D/146, Desa Tasik, Sungai Besi,
　　　　57000 Kuala Lumpur, Malaysia.
　　　　電話：603-90563833　傳真：603-90562833
行政院新聞局北市業字第913號

美術設計——copy
印　　刷——卡樂彩色製版印刷有限公司
總 經 銷——高見文化行銷股份有限公司　電話：(02)2668-9005　傳真：(02)2668-9790

2015年（民104）1月6日初版　Printed in Taiwan　定價280元
　ISBN 978-986-272-706-5
商周部落格——http://bwp25007008.pixnet.net/blog

國家圖書館出版品預行編目

西打哥的尋味香港 / 西打哥著. -- 初版. -- 臺北市 : 商周出版 : 家庭傳媒城邦分公司發行,
民104.01　面；　公分. -- (Style)　ISBN 978-986-272-706-5(平裝)
1.飲食風俗　2.餐飲業　3.旅遊　4.香港特別行政區

538.782　　103022956

廣	告	回	函
北區郵政管理登記證			
台北廣字第 000791 號			
郵資已付，免貼郵票			

104台北市民生東路二段 141 號 2 樓

英屬蓋曼群島商家庭傳媒股份有限公司
城邦分公司

請沿虛線對摺，謝謝！

書號：BS6010　書名：西打哥的尋味香港　編碼：

請於此處用膠水黏貼

商周出版

讀者回函卡

感謝您購買我們出版的書籍！請費心填寫此回函卡，我們將不定期寄上城邦集團最新的出版訊息。

不定期好禮相贈！
立即加入：商周出版
Facebook 粉絲團

姓名：＿＿＿＿＿＿＿＿＿＿＿＿＿＿＿＿ 性別：□男 □女

生日：西元＿＿＿＿＿＿年＿＿＿＿＿＿月＿＿＿＿＿＿日

地址：＿＿＿＿＿＿＿＿＿＿＿＿＿＿＿＿＿＿＿＿

聯絡電話：＿＿＿＿＿＿＿＿＿＿ 傳真：＿＿＿＿＿＿＿＿＿＿

E-mail ：

學歷：□ 1. 小學 □ 2. 國中 □ 3. 高中 □ 4. 大學 □ 5. 研究所以上

職業：□ 1. 學生 □ 2. 軍公教 □ 3. 服務 □ 4. 金融 □ 5. 製造 □ 6. 資訊

□ 7. 傳播 □ 8. 自由業 □ 9. 農漁牧 □ 10. 家管 □ 11. 退休

□ 12. 其他＿＿＿＿＿＿＿＿＿＿＿＿＿＿＿＿

您從何種方式得知本書消息？

□ 1. 書店 □ 2. 網路 □ 3. 報紙 □ 4. 雜誌 □ 5. 廣播 □ 6. 電視

□ 7. 親友推薦 □ 8. 其他＿＿＿＿＿＿＿＿＿＿＿＿

您通常以何種方式購書？

□ 1. 書店 □ 2. 網路 □ 3. 傳真訂購 □ 4. 郵局劃撥 □ 5. 其他＿＿＿＿

您喜歡閱讀那些類別的書籍？

□ 1. 財經商業 □ 2. 自然科學 □ 3. 歷史 □ 4. 法律 □ 5. 文學

□ 6. 休閒旅遊 □ 7. 小說 □ 8. 人物傳記 □ 9. 生活、勵志 □ 10. 其他

對我們的建議：＿＿＿＿＿＿＿＿＿＿＿＿＿＿＿＿＿＿＿＿

＿＿＿＿＿＿＿＿＿＿＿＿＿＿＿＿＿＿＿＿

＿＿＿＿＿＿＿＿＿＿＿＿＿＿＿＿＿＿＿＿

請於此處用膠水黏貼

STYLE

STYLE